当代新唯物主义思想译丛

U1004730

哲学、政治与地球
新唯物主义

ZHEXUE ZHENGZHI YU DIQIU
XINWEIWUZHUYI

[美]克莱顿·克罗齐特　杰弗里·W·罗宾斯◎著
管月飞◎译

安徽师范大学出版社
·芜湖·

图书在版编目(CIP)数据

哲学、政治与地球:新唯物主义 / [美]克莱顿·克罗齐特,[美]杰弗里·W·罗宾斯著;管月飞译.—芜湖:安徽师范大学出版社,2019.1(2019.10重印)
(当代新唯物主义思想译丛)
ISBN 978-7-5676-3698-9

Ⅰ.①哲… Ⅱ.①克… ②杰… ③管… Ⅲ.①西方马克思主义-研究 Ⅳ.①B089.1

中国版本图书馆CIP数据核字(2018)第179043号

哲学、政治与地球:新唯物主义
[美]克莱顿·克罗齐特 杰弗里·W·罗宾斯◎著
管月飞◎译

责任编辑:陈 艳
装帧设计:丁奕奕
出版发行:安徽师范大学出版社
芜湖市九华南路189号安徽师范大学花津校区
网 址:http://www.ahnupress.com/
发 行 部:0553-3883578 5910327 5910310(传真)
印 刷:虎彩印艺股份有限公司
版 次:2019年1月第1版
印 次:2019年10月第2次印刷
规 格:700 mm × 1000 mm 1/16
印 张:12.5
字 数:159千字
书 号:ISBN 978-7-5676-3698-9
定 价:38.00元

凡安徽师范大学出版社版图书有缺漏页、残破等质量问题,本社负责调换。

总 序

2017年1月，在联合国日内瓦总部，习近平主席发表题为《共同构建人类命运共同体》的主旨演讲，系统回答了中国为何要推动构建人类命运共同体、要构建一个什么样的人类命运共同体，以及怎样构建人类命运共同体这三大基本问题。同年，联合国社会发展委员会、安理会和人权理事会先后通过决议，均首次将“构建人类命运共同体”理念写入各自的会议决议。人类命运共同体思想是对历史上人类追求理想社会建构思路的创造性转化和创新性发展，其最终指向在于建设持久和平、普遍安全、共同繁荣、开放包容、清洁美丽的新世界。实现这一目标无疑是对人类当前所遭遇的共同问题的破解。建设人类命运共同体既是一种人类伟大的实践，也是一种伟大的理论创新。在人类命运共同体的理论创新中，需要汲取来自中国和西方的各种思想资源，其中对当代西方哲学资源的借鉴无疑是极其重要的。

当代西方哲学的发展有两个基本转向，一是反对传统哲学本体论，转向了语言哲学，二是反对总体性逻辑中所蕴含的同一性逻辑，转向了多样性。在多样性发展的序列中，美国和欧洲的一些新派思想家和学者开始反思和批判当代资本主义发展模式，以及资本主义和新自由主义几近全球性胜利的冲击所带来的政治、气候、环境、经济甚至哲学危机。

在这些批判性成果中,有些是学者个人就某一专题展开的讨论,有些则是众多学者围绕某个议题进行的辩论和交流。梳理和展示这些思想成果,对于中国哲学和世界哲学的当代发展,以及为人类命运共同体奠定理论基础无疑有着极为重要的意义。人类命运共同体的构建所遭遇的各种问题与这些学者所讨论的问题,在很多方面有着共通性,如可持续发展问题、环境资源问题、生态保护问题、价值观的重建问题等,这些问题均关乎中国哲学乃至世界哲学发展的未来走向,关乎人类命运共同体建设的走向。正是在这一思想交流和发展的背景下,我们组织翻译了这套《当代新唯物主义思想译丛》,尝试通过对这些著作的译介,加深对以上问题的探索。

为了帮助读者对译丛第一批四本著作有个初步的了解,以下我们分别予以介绍。

《哲学、政治与地球:新唯物主义》(原书名为《宗教、政治与地球:新唯物主义》,*Religion, Politics, and the Earth: The New Materialism*)这本书最初出版于2012年,作者是克莱顿(Clayton Crockett)和罗宾斯(Jeffery W. Robbins)。当前,由西方文化驱动的新自由主义的资本主义正在抵达它的极限,而世界尚未从经济衰退中恢复过来。更糟糕的是,生态破坏、资源枯竭、全球变暖等现象仍在持续恶化。作为对上述问题的回应,作者提出必须从人类中心主义的视角转变到地球立场的思维。基于新唯物主义理论,作者试图为我们描述一种后资本主义的世界观。有意思的是,作者认为这种新唯物主义虽然是一种建立在能量转换基础上的唯物主义,但是其中能量自身并不是还原性的物质,而是可以与“精神”和“生命”共鸣,由此避免了物质-精神的二元论,为解决人类当前的紧迫处境以及超越文化的和民族的边界提供了新的洞见。作者坚持马克思之于新唯物主义的重要性,这种重要性在于,首先,作为新唯物主义的先驱，马克思并不是还原主义的或决定论的唯物主义者，而早已就是新唯物主义者；其次，马克思比其他任何人都更加有力地分析了现代资本主义的运作，并且展示了其局限性。因此，在充满不确定性的21世纪，马克思仍旧是不可或缺的。

《德勒兹超越巴迪欧：本体论、多样性和事件》(*Deleuze beyond Badiou: Ontology, Multiplicity, and Event*)最初出版于2013年，作者是克莱顿。正如书的正标题所指出的那样，作者的核心观点是德勒兹超越了巴迪欧。这个问题源于巴迪欧在《德勒兹：存在的喧嚣》中对于德勒兹的批评。为了回应这个批评，作者在系统整体阅读德勒兹文本基础上，分析了巴迪欧对于德勒兹的误读，并指出了在后世俗主义时代的今天，德勒兹仍是当代资本主义激进政治批判的重要思想资源。在作者看来，德勒兹和巴迪欧都没有简单地从反对传统本体论转向语言哲学，而是试图重建本体论，在这个意义上也都是在重建哲学。但是巴迪欧通过数学的方式建构本体论，这种哲学仍具有公理的性质，而德勒兹更感兴趣的是使哲学重新问题化，因此这种哲学并不是一种固定的、自明的，是一种处于持续的生成状态。在反对总体性问题上，巴迪欧认为德勒兹尽管主张多样性，但却仍保留了笛卡尔主义的残余，仍没有逃离同一性哲学的阴影。这是巴迪欧对德勒兹最主要的批评之处。但作者认为，在德勒兹那里，尼采意义上的上帝死了就意味着作为基础的"一"已经瓦解。对于德勒兹和巴迪欧而言，反对传统本体论的同一性，从本体论上复兴多样性，不仅是一个思想任务，更是一个实践问题。在巴迪欧看来，晚期德勒兹不仅在哲学上没有逃出"一"的阴影，而且在实践上也脱离了政治，转向了美学。但在作者看来，这同样是巴迪欧对德勒兹的误读。德勒兹毫无疑问是事件的哲学家，这不仅体现在他将事件主题化，而且体现这个主题对整个后结构主义产生了重大影响，巴迪欧正是这一主题的完成。巴迪欧之所以误读了德勒兹是因为他没有充分理解晚期德勒兹美学中的激进政治维度，尤其是存在的能量和时间图像的政治意义。因此，整本书可以理解为作者对德勒兹作了反对巴迪欧式的重新解读，这种解读的最主要目的在于重新释放德勒兹思想中的解放潜能。

《黑格尔与无限》(*Hegel and the Infinite*)最初出版于2011年，是对黑格尔思想与当代资本主义关系的重新解读的论文集，它由十一篇论文组成，这些论文的作者包括斯拉沃热·齐泽克(Slavoj Žižek)、安东尼奥·内格里(Antonio Negri)、查尔斯·泰勒(Charles Taylor)等当今西方著名的马克思主义研究者。他们把黑格尔的思想运用于21世纪的哲学与政治，从哲学、政治、神学、文学艺术、科学等跨学科的角度对黑格尔的思想进行了批判性解读，他们整体上反对列维纳斯、利奥塔等哲学家把黑格尔视为总体性暴力思想代表的解读方式，而把黑格尔的矛盾观视为最需要继承的遗产，他们更偏向于黑格尔思想激进的方面，进一步推进黑格尔思想的辩证法精神，黑格尔的绝对概念被理解为一个无限斗争的过程，以此展现黑格尔思想的现实意义和价值。比如意大利哲学家内格里对黑格尔《法哲学原理》的解读，直面了黑格尔辩证法的矛盾方面，使得《法哲学原理》更富有辩证法精神。该书对于丰富马克思主义在当今时代的新发展与理解当代资本主义社会批判具有重要意义。这些作者所解读的黑格尔的彻底辩证法为走出资本主义社会所面临的问题提供了新的想象。

《反叛者宣言：激进政治的新四重福音》(*An Insurrectionist Manifesto: four new gospels for a radical politics*)最初出版于2016年。作者分别是克莱顿·克罗克特，沃德·布兰顿(Ward Blanton)，杰弗里·罗宾斯与诺伊尔·瓦哈尼安(Noëlle Vahanian)。这是一本被当作实验性和探索性的集体思想之旅来撰写的著作。该著认为当代社会陷入了资本主义和新自由主义发展带来的各种危机。我们的推理几乎完全被经济合理性所劫持。新法西斯主义倾向和曾经被认为已经被永久克服的明目张胆的种族主义意识形态在全世界都很明显。对这些紧迫性问题的回答不能退回至一个头脑简单的宗教或教条哲学所提供的奇妙幻觉。它也不可能是披着现实政治和反讽的自我疏离的外衣而玩世不恭地信奉权力和特权，这会将理论上的智慧混淆为基本批判和分析。该著将反叛定位为除神学个人主义的复活之外的另一个选择，宣称赋予政治神学思想自身一种分散与多元化的主权力量。四位作者要面对"反叛的好消息是什么"这个总体问题，以及卷入其中的其他问题，例如反叛思想的本质是什么，如何区别反叛与革命或复活，以及我们如何在内在的思想平面内实例化反叛思想，而不排除其无限可能性的视野？我们如何理解解放主义思想与以暴虐、仇外心理、种族主义、性别歧视、环境恶化等形式出现的人类文明的常态暴力之间不可避免的差异。这本书的结构有两个来源，一个是哲学的，另一个是鼓舞人心的。其中哲学源泉是马丁·海德格尔的天地神人理论。为了思考我们在世界上的位置，我们必须将关联事物一起思考，地球与天空一起，神性与人性一起，自然与文化一起。而鼓舞人心的来源则是基督教新约圣经中的四重福音书。本书作者们认为新约"四重福音"从结构上倡导一种多元主义，同时把像基督受难这种明显的悲剧性事件理解为"福音"，这些对现代都是富有启发性的。因此本书撇开福音的宗教历史，反叛式地重新激活"福音"这个术语，试图倡导一种多元主义的路径谋求当代社会的福音。

这四本著作不过是众多的新唯物主义思想系列中的一部分，关于类似主题的探讨还有更多的富有启发意义的新作。我们希望有更多的有志于研究新唯物主义思想的学者参与进来，将更多更好的著作翻译成中文，丰富汉语世界关于新唯物主义思想的讨论。

我与克莱顿教授相识于五年前。他在有关新唯物主义的论述中，对能作为世界本源进行了诸多的探讨和论述。他认为人类需要改变能源开发和利用的方式，以此来改变当前的环境和生态危机。我在若干年前曾经提出能本体的学说。能是世界存在和运转的本源性物质性存在。人类在面对环境和能源危机的过程中,如果能够开放和利用可循环的能源,或者高效利用太阳能,则可以解决目前的能源危机,进而为解决环境危机准备条件。正是因为我们对能的相同的认识,使得我们保持着较为密切的联系。2016年、2017年,他两次来安徽师范大学访问交流,为学生们介绍当代美国哲学发展的最新动态,同时,也较为系统地阐发了其新唯物主义思想。与此同时,庄国欧先生、杰弗里教授、尼古拉斯(Nicholas Brasovan)先生等也来我校交流访问。他们在学校所作的讲演,基本上都是围绕新唯物主义这一主题展开。

2016年,我与克莱顿、庄国欧两位先生商议,可否翻译出版一些新唯物主义的著作。他们欣然表示同意,将名称定为《当代新唯物主义思想译丛》。第一辑翻译出版四本。安徽师范大学出版社对本丛书的出版给予了大力支持。社长张奇才教授、总编辑侯宏堂教授为丛书的出版做了很多具体工作。

四本著作的译者都是从事西方哲学教学和研究的年轻教师,有的译者已经出版过三种以上的译作。为了保证翻译的质量,在翻译的过程中,我们一起商议讨论多次。但是限于译者的水平,翻译中一定还会存在一些问题,希望广大读者不吝赐教。

戴兆国

2018年7月

序　言

2008年，杰弗里·W·罗宾斯和我讨论我们怎样才能对新自由主义的资本主义与灾难性的全球衰退作出回应。我们决定，我们必须从人类中心主义的视角转移到地球立场的思维。基于近来关于新唯物主义的讨论，我们打算概述一种后资本主义的世界观。我们设想了一种松散的基于黑格尔在《精神现象学》中的辩证法的理智事件，在那里，精神变成实体的过程将应用于地球而不是人类。于是，这种黑格尔的辩证法就会与德勒兹和迦塔里在《千座高原》中称之为“道德的谱系”的东西相交错。这里，问题就变成了“地球认为它是谁？”而答案是，在强化其无论是与人类活动一致还是反对的过程中，地球变成了我们这颗星球的大脑。

当《哲学、政治与地球：新唯物主义》（原书名为《宗教、政治与地球：新唯物主义》，*Religion, Politics, and the Earth: The New Materialism*）这本书于2012年出版时，世界仍在衰退中蹒跚而行，虽然由于紧急援助以及巴拉克·奥巴马的重新当选，经济得到了稳定。不幸的是，尽管许多支持者们充满期望，然而奥巴马代表的是正在衰落中的美帝国庇护之下的新自由主义、军国主义的连续性和金融资本主义的支配。当我们遭遇石油燃料时代的终结时，资源竞争却正在变得越来越令人绝望，全球变暖在强度和步伐上也都在增长。

我们似乎正在进入一个政治极权主义的新时代,这已经为弗拉米尔·普京的威胁性姿态以及唐纳德·特朗普的荒诞极权主义所证实。这种极权主义是对占领华尔街运动和阿拉伯之春所创造的开端的反应的一部分。这种极权主义转向所展示的是民主的脆弱性以及随着地球增长的放缓财富和资源不断从穷人向富人转移。由于有限的地球资源,增长不可能是无限的。全球经济建立在无限增长这个前提之上。然而,我们看不出资本主义如何能够相反地运作。它正在吃掉它自己的种子,而当它绝望地寻求越来越短期的解决方案时,就会自爆。

我们不需要有关如何思考地球以及怎样根据地球来行动的更多视角和建议。这些解决方案主要是使人类活动的问题以及人为气候变化的问题永久化而不是解决。人们需要的,毋宁说,是从人类为本到作为星际存在者的地球思维这一根本的转变,无论它被理解为一种复杂的自组织系统还是人格化的盖亚(Gaia)。这样一种转变可能救不了我们,但是它并不是关于拯救的;它是关于生成的,以及它是否能够改变(我们的)自然/本性。

对这本书的两个主要批评是:第一,在其向着生态和地球的转向中,它忽视了社会差异和对立;第二,它追随一条主要是西方的和基督教的逻辑,而这并不能应用于其余世界中的大多数。作为对第一条的回应,我们觉得即使我们没有足够地注意到这些至关重要的社会问题,我们也的确假设了社会的以及政治的对立,它们有可能会,也有可能不会导致明显对立的水平。再者,我们并不认为社会对立构成那些可以用正统的黑格尔术语或马克思主义术语加以解决的矛盾。阶级、性行为和性别、种族和宗教都是复杂的和相互联系的现象,它们都不可能简单地从情境中抽象出来,然后使之自我对立或相互对立。

我们坚持卡尔·马克思对于思考我们生活于其中的这个世界的至关

重要性。同时，这并不是一种正统的马克思主义，相反地是安东尼奥·内格里所称的“超越马克思的马克思”，或者超越带有成见的马克思主义的马克思。我们肯定德里达在《马克思的幽灵》中所称的马克思的某种精神的东西，就是那个比其他任何人都更加有力地分析和证明了现代资本主义的运作，并且向我们展示了其局限性。在这里，马克思成了瓦蒂莫和查巴拉称之为“诠释学共产主义”的先驱。诠释学共产主义或解释性共产主义是一种关于人的弱共产主义，而不是关于国家的强共产主义。共产主义是穷的和弱的，主要因为它就是为了弱者和穷人的，而不是为了富人和强者的。如果说它意味着今天任何站在左派一边的东西的话，那么它就是与国家、军队、警察以及公司力量形成对照的对穷人力量的肯定。随着我们这个星球上的剩余财富集中在越来越少数人的手里，我们当中越来越多的人却正在变成废物、垃圾，变成尘土。

新唯物主义是一种用复杂的和动态的方式来思考物质的方式。利用系统论、非平衡热力学理论以及自组织理论的结果，新唯物主义将每一个系统都视为一个开放的系统，就是普利高津称之为耗散系统的那种东西。耗散系统不是处于平衡状态，在其与外部环境的物质/能量的交换中，它会产生一种模式或者组织，只要它维持着能量的流动。在传统的唯物主义中，物质按照一种还原主义的方式被看作是构成更高结构的建筑之砖。这种物质观是原子式的和还原主义的，通常它也被视为决定论的，因为原子的运动能够以一种避免自由意志或随机运气的方式被精确地预测。如果欧洲的唯物主义遭遇到希腊精神、基督教精神以及笛卡尔精神的二元论，它是不会把物质理解为内在地就是动态的和具有活力的。

由于其论及古希腊原子论者德谟克利特和伊壁鸠鲁的著作，马克思成为这种新唯物主义的先驱。正是伊壁鸠鲁引入卢克莱修在其《物性论》中所提出的“偏离”(swerve)概念，它作为偏斜(clinamen)会摧毁一切决定论。这种偏离出现在路易斯·阿尔都塞后期论偶然的唯物主义(aleatory materialism)的著作中,其中偶然性不可被还原到物质的运动。对于当代有关唯物主义和新唯物主义的观念,阿尔都塞都是一种鼓舞。马克思和阿尔都塞并不是还原主义的唯物主义者,他们早已是新唯物主义者。

新唯物主义尤为明显地受到吉尔·德勒兹、梅洛-庞蒂以及阿尔弗雷德·诺斯·怀特海哲学的影响。他们关于生成、身体和过程的观念激发了更多当代的思想家,像罗西·布莱托蒂、曼纽尔·德兰达以及威廉·康诺利。这些理论家们将德勒兹、梅洛-庞蒂和怀特海的原理与唯物主义的女性主义结合在一起,他们也经常利用露丝·伊利格瑞的著作,以及更为晚近的混沌学和复杂性理论。最后,这些动态唯物主义的哲学家们被给予一种政治优势,因为物质的东西早已参与到它们自己的主动工作中了,它们与人类的意向相交织,从而拥有了政治后果。物质并不是惰性的赤裸裸的对象,这些对象仅仅是为了人类的占有和利用。物质有自己的能动性,以及它自己的目的动力学机械论。

对于罗宾斯和我来说,新唯物主义不仅是关于物质材料,而是关于能量转换的过程,该过程涉及秩序、结构、生命、社会和文明。我们主张,存在就是能量转换,因此这是一种新的本体论。能量在多重水平上运作,并且跨越各种不同的门槛,但它不是静态的。再者,自从爱因斯坦的伟大著作以来,作为块(mass)的物质在物理的意义上可以与能量相转化。科学家们并不知道能量是什么,他们只是知道如何测量能量的运作。能量完全是物质的或物理的,即使它也是精神的,至少潜在的如此。

能量让我们拥抱一种可以避免物质和精神二元论的新唯物主义。我们承认,在我们这本书中,我们更多地聚焦于西方、美国以及欧洲关于宗教、政治、逻辑和存在的讨论,但是我们也认为我们对能量的理解并不局限于西方的视角。我们采用了一些当代物理学和热力学的语言,以及欧洲哲学和批判理论的语言，但是能量也是一种谈论新儒家称之为“气”的方式。“气”就避免了物质和精神二元论，因为它完全是物质的，但是它也内在地是精神的。虽然许多朱熹的解释者强调作为原则的“理”优先于作为心理-物理的力量的“气”，但是我们认为张载对“气”之优先性的原初洞见更为正确。“理”应该被视为一种由“气”的动态转变所产生的模式。中国思想中存在着一种重要的从张载到王夫之的“气”哲学的隐秘潮流。这并不是一种不加区分的一元论或者欧洲那种唯物主义，而是和所谓的新唯物主义一致的活力论唯物主义。

在我们这本书中，对作为能量转换的“气”的这种理解并不明显，但是我们想强调和肯定它，作为一种对最初版本的西方偏见的承认方式，以及作为一种表明能量如何必须沿着不同路线重新加以思考的方式。新唯物主义提供了一种综合中国洞见的和西方洞见的场所，以及一种更好地处理我们作为类所遭遇的紧迫生态处境的理论。我们提供这个汉语译本希望对这个地球事件有所贡献，进而成为超越文化的和民族的分界线（boundaries）和边界（border）的新唯物主义。

克莱顿·克罗齐特

阿肯色

2017年10月

目录
CONTENTS

导　论

我们应该在一种新唯物主义中从事解构。

——凯瑟琳·马拉布,《写作黄昏处的可塑性》[1]

环绕着我们的是这些符号,即某物已经被用完。套用马丁·海德格尔的话说,“人的存在已经被耗尽”。在其死后发表于《明镜》的著名访谈“现在只有一个上帝能救渡我们”中,海德格尔表达了对技术将人从地球上连根拔起的恐惧,就像从太空拍摄的照片所表现的那样。他宣称:“我们只剩下纯粹的技术条件。它不再是人类今天生活于其上的地球了。”[2]我们不同意海德格尔对技术的怀乡式恐惧,但是把他的视角看作是一种范围更广的严重症状。

我们正在目睹当代文化的枯竭,向消费主义的转移,贪婪、乏味的娱乐以及对金钱和军事力量的堕落诉求。无论在大众想象还是真实世界中,我们都遭遇到无数个末日危机和崩溃的情景。在全球化上——文化上——经济上——我们的世界已经在一种不可思议的程度上,就是在一个磨损的和碎片化的程度上,被联结在一起。

来见证一下大部分大众文化模式的乏味吧:通过“实在”的意识饱和表明,循环的商业顺口溜和右翼的电台听众热线电话。[3]最令人振奋的嗡嗡声总是和体育赛事或广告宣传活动联系在一起。虽然富有的美国人和并不怎么富有的美国人看电视，从而变成消费的行尸走肉，但是世界上大城市都在从事"贫民窟的大规模生产"。在其令人震惊的著作《贫民窟行星》(*Planet of Slums*)中，迈克·戴维斯(Mike Davis)详细说明了城市贫困的这种不可思议的增长，在很大程度上是将其看作是"由国际货币基金组织和世界银行所执行的农业放松管制政策以及财务纪律政策"的结果，这两个组织还在继续为城市贫民窟产生大批离开的剩余劳动力，即使城市已经不再是就业市场了。[4]正如海地前总统让-伯兰特·阿里斯蒂德(Jean-Bertrand Aristide)解释的那样，"全球化，世界市场的一体化，承诺了'水涨船高'。"[5]但是，全球化的结果是什么？在华盛顿共识的压力之下，大多数第三世界国家开放了他们的市场，接受了国际货币基金组织的苛刻条款，承担了巨大的和带有削弱性质的债务。这些国家只有变得越来越贫穷，越来越绝望，即使在富国中贫富之间的差距也在增长。阿里斯蒂德认为，如果民主，那么我们的民主概念和实践必须向前迈进一大步。我们必须将民主民主化。[6]

正如其当下存在的那样，民主总是服务于那些富有的和有权势的企业精英，而不是人民，尽管存在着表面上的选举。而这些选举本身也被金钱和特殊经济利益给败坏了。作为我们的经济和社会状况是如何病态的案例，我们引证《哈珀杂志》2010年7月关于粮食泡沫的故事，它就发生在高盛集团(Goldman Sachs)1991年设立商品指数以及某个公司或某些公司在2008年垄断明尼阿波利斯小麦市场之后。按照这篇文章的观点，"在芝加哥交易的小麦期货抬高了明尼阿波利斯的实际小麦的价格"，结果是，"这个星球上100万人可能买不起面包"[7]。对于2008年的大多数时候来说，"银行家们控制着世界的食物，金钱追逐金钱，100万人就挨饿了。"[8]换句话说，对赚钱的常新方法的沉思和追求已经优先于养活人民。虽然这种现实可能并不完全不同是新的——诚然，对一些人来说财富总是优先于许多其他人的繁荣兴旺——但现实是，这种现象几乎已经达到深不可测的规模水平。难怪，这种令人绝望的物质状况刺激了世界末日图景的增长，无论是宗教的还是世俗的。引用阿兰·魏斯曼(Allan Weisman)最近一本书的名称，我们更加为《没有我们的世界》(*The World Without Us*)着迷，甚至奇怪地被它的可能性所吸引。[9]

企业资本主义对于这个当代状况来说是最恰当的名称。我们的主张是，我们正在到达全球资本主义的极限处。在20世纪90年代，随着冷战的结束和苏联的解体，以及随着很大程度上基于计算机和因特网公司的首次公开发行股票(IPOs)之上的美国股票市场的经济繁荣，西方模式的民主资本主义被宣称为胜利了以及无处不在。爱它也好，恨它也罢，它就是城市里的唯一游戏。然而，在世纪的转折之后，车轮开始迅速地脱落了，它以2000年的股票市场崩盘、"9·11"袭击、阿富汗战争与伊拉克战争开始，然后是曾经创造的最大泡沫世界房地产泡沫——爆炸和崩溃了——它的崩溃将整个世界带入衰退。

这个问题是根本性的：西方资本主义是建立在不确定的增长(如果不是无限增长)这一假设之上的，但是这个星球的自然资源是有限的。我们遭遇到增长的真实的、物理的约束，而资本主义机器正在绝望地寻找更多的资源来给短期的表面上的生产力或盈利能力提供燃料，就像一个瘾君子。虽然这种理解很简单，但是我们的公司、政客以及媒体机构却不遗余力地去隐藏、扭曲和模糊这个事来使他们自己的存在永恒化。大多数人意识到，某种东西已经被用完，但是慢慢就会明白，如果有的话，因为一个人必须真正去探究才能得到相关信息，从而力求把那些碎片拼合成一个连贯的实在的图画，更不用说那威胁着加以否认的恐惧了。

我们简要地列举一下我们当前危机的三个方面：生态危机，这经常被主要视为全球变暖；能源危机，它包括石油产量峰值以及我们提炼和开采化石燃料的便宜能源；最后是金融危机，它包含去杠杆化和大量的货币信贷的毁灭。这些问题当中的任何一个都是相互联系的,因为货币取决于能源,而能源是有限的和逐渐缩小的自然物理资源的产物。我们表明,与其说屈服于绝望或理想主义的痴心妄想,还不如说这种危机可能为一种思想新指向和行动新指向,一种在地球之中以及属于地球的新方式提供了一个良机。这个良机就是通向这样一种新唯物主义,它既不是粗俗的消费主义式唯物主义(crude consumerist materialism),也不是还原性的原子唯物主义(reductive atomic materialism),而是认真对待我们生活于其中的物质世界、物理世界的唯物主义。[10]新唯物主义是一种建立在能量转换基础上的唯物主义。能源自身并不是还原性的物质,而是就像我们要表明的那样,与“精神”和“生命”共鸣。这种重新构想的唯物主义反驳的是实际的和哲学形式的唯心主义,这种唯心主义构建了一个我们希望栖居的理想世界,并且错把那个世界当作了真实的世界。进而言之,我们并不反对宗教,但是我们的确反对狂热和基要主义,包括那种童话式的期待,即一个上帝或诸神会将我们从困境中解救出来,并奖善罚恶。

新唯物主义是一种激进的神学视域,虽然它延伸了通常为神学所理解的总是超越承认的东西。我们需要的不是另一种神学改革或宗教改革;我们需要的是神学和宗教。宗教在人的水平上是普遍的,虽然大多数人喜欢认为只有某些人是宗教的,并且争论那是否是个好现象或坏现象。神学暗示了保罗·蒂利希(Paul Tilich)所称的“终极关切”,即终极关切某物这个事实,无论是在形式上还是内容上。对于过去几个世纪以来的所有形式的神学和哲学的挑战就是,考虑我们的关切如何以一种无可争辩的方式包含在我们的物质实在中,而没有屈服于一种还原主义的和决定论的唯物主义。对我们来说,我们需要的是真诚地考虑地球,而不是陷入和自然和谐相处的痴心妄想或者关于那个产生虚假精神(false spirituality)的盖亚(Gaia)的新时代陈词滥调。

我们的写作是由于北美激进神学的社会语境和学术语境,这种神学严肃地与当代欧洲哲学交战，它的根则要返回到从出现于20世纪80年代的后现代主义神学，一直到出现于20世纪60年代上帝之死神学（Death of God theologies），在许多方面我们将之理解为蒂利希的文化神学的一种激进化。今天，各种不同形式的激进神学都渗透着过程、解放、女性主义的观念，后殖民主义观念以及后结构主义观念，而这些哲学话语和神学话语的最重要组成部分则涉及政治神学的问题。[11]政治神学设法解决的是当代政治、哲学和文化现象中宗教回归的意义。仅仅采取一种政治的和/或神学的立场是不够的；我们试着理解正在发生的一切以及为什么，从而提供思想和行动的更好工具。以宗教名义回归的不只是各种相互竞争的价值和文明之间的宗教碰撞或文化碰撞，而且是这样一种现象，它既隐藏又揭示关于气候、能源、经济以及最终的世界之中的人的更深层的和更绝望的处境。

首先，我们来考虑一下全球变暖。大规模的带有不可预测以及不可逆转后果的天气变化都是由过去两个世纪的人类活动所引起的，还有地球大气中碳、甲烷以及其他排放物的增加。科学家们在人类导致的气候变化的程度和时机上看法不一，但不是这个事实本身；然而，那些投资于否认和模糊这些事实的公司支持了难以计数的研究，旨在混淆这个问题以在公众的心灵中产生足够的怀疑，从而现在的这些实践可以继续下去。气候变化是这个争议的主要焦点，虽然我们看到许多资源枯竭和物种灭绝的迹象，所有这些都证明地球上人类的无可争辩的足迹。从根本上说，人类正在以一种不可持续的比率导致人口过剩以及过度开采世界资源，这样我们就不可能长久继续我们现在的富裕生活方式（如果生活在西方世界或说英语世界，并且能够阅读本书的话）。

我们的非凡技术文明是如何产生的？许多解释将这个起源追溯到人类（或西方欧洲人的）心灵的聪慧，但是它与发现和利用化石燃料形式的廉价能源有更大关系。煤炭、天然气，尤其石油都是巨大的能源资源，燃烧它们产生了我们在21世纪初期拥有的巨大能力和物质财富。没有一种似乎无限数量的廉价能量，我们就不可能建造我们拥有的全球资本主义文明，尽管存在着缺陷。石油为我们的汽车和飞机提供燃料，它产生电力，它容许我们构造电脑和因特网，以塑料的形式，这些碳氢化合物几乎渗透到我们生活的方方面面。美国的世纪是由其对石油的发现和利用而产生的，当美国石油衰退时，我们就设法和沙特阿拉伯密切结盟，这个国家迄今拥有世界上最大的石油储备。美国的石油生产在1970年达到顶点，许多人曾预测世界石油生产会在21世纪前十年达到最高点，而这个十年现在已经过去了。就石油生产可以测量这一点而言，世界石油生产已经达到了一个高原期，虽然它还没有严重地衰退。

石油峰值被掩盖的一个理由是，发生于2008年9月的金融危机。这一危机开始于2007年8月，当时信用市场冻结了。2008年诱发的世界衰退最初引发了更高的石油价格，2008年夏天，它上升到接近每桶150美元的创纪录水平。虽然许多人预测2009年春季会复苏，但是由于就业不足和消费支出极为温和，这种复苏在2012年仍旧处于蹒跚之中。此外，我们断言没有任何方法可以简单地从这场衰退中复苏，因为我们缺乏刺激这样一种复苏的可获得性廉价能源。事实上，很可能石油峰值引发住房市场的低迷，而这反过来又导致2007年信用市场的失灵。金钱是建立在能源的基础之上，金钱能够被创造出来，因为越来越多的能源被生产。但是当可获得的能源达到最高点并且下降时，那么金钱也会下降。实际上，金钱是作为债务而被创造的，这就是为什么最近一轮增长导致了如此多的债务，无论是于公还是于私。一旦增长不可能，那么债务就被唤来了。作为债务的金钱被摧毁了，这意味着我们处在一个通货紧缩的环境中。即使许多分析家们相信，最糟糕的是过去，但是我们认为正好相反，每当经济开始复苏的时候，石油供应的限制就会使油气价格回升，这抑制了刚开始的复苏。这种情况变化无常，但是和2008年相比相对稳定，因为经济已经以一种不确定的方式稳固化了。但是，由于衰落的和更多昂贵的能源资源，它不可能无期限地持续下去。

考虑到有限的资源基地，你不可能拥有无限的或无期限的增长。全球资本主义遭遇到真正的限制。这是根本的，一切都不得不改变，这倒不是因为我们有用不同的方法做事情的意志，而是因为我们将不再有物质、经济和金融意义上的增长。我们将不得不勒紧裤腰带过日子。从较多到较少的转变十有八九将是不愉快的，因为资本主义并没有真正反向运行。当你拥有丰富的资源和显著增长时，资本主义似乎还是伟大的，即使这种增长内在地就是不平等的，而且倾向于强调那些不平等。但是资本主义不会在一种衰落的环境中运行；相反，它会四分五裂。我们并不需要赞成或是反对资本主义，因为资本主义正在崩溃。我们需要思考之后会是什么，因为当资本主义动摇时，自然发生的东西就是法西斯主义，就像卡尔·波兰尼（Karl Polanyi）在他的重要著作《大转型》中解释的那样。这本书分析了20世纪30年代的政治状况和经济状况，当时世界被迫放弃了一个统一的金融黄金标准。[12]

我们愿意避免法西斯主义。我们也愿意避免战争、野蛮、流行病、饥荒和灭绝。这些选择没有一个被排除。未来是开放的。我们在这里提供一种新的思维方式，一种新的评价生活和物质世界的方式。我们愿意修复和治愈这个地球，即使就人类而言这是不可能的，与之相随的还有对这一点的承认，即我们关于疾病和健康的观念可能与地球的观念非常不同。从地球的视角出发写作，我们有冒听起来像唯心主义的风险，并且像新时代思想家或生态神学家一样偶遇。事实并非如此。在新唯物主义中，思维作为地球返回到其自身，这就是一种黑格尔式的或准黑格尔式的综合。

对于黑格尔来说，辩证法在精神的水平上运作，黑格尔则把哲学的发展解读为精神意识到作为精神的自身。黑格尔经常被理解为一个总体化的思想家，他霸占每个观念和现象，并将之提升到观念论的扬弃。

同时,更多最近的哲学家如斯拉沃热·齐泽克(Slavoj Žižek)和凯瑟琳·马拉布表明,对黑格尔辩证法的更富洞见的解读如何成为一个强调这种胜利前进的扬弃的失败的辩证法。[13]在这里,辩证法通过不工作而工作,或者通过暗中破坏借助于深化否定性的那种假设的绝对精神的光荣成就。否定不仅是提高精神的踏脚石,而且是精神自身的根本本质。在齐泽克和马拉布之后,我们可以质疑是否可能将辩证法的结果归于简单意义上的否定或肯定。用马拉布的一个最根本概念来说,我们对黑格尔的新解释以一种更加弹性的方式看待辩证法。就把某物从一个较低水平提高到一个较高水平这个意义上来讲,例如从物质到精神,辩证法不只是或明显地是进步的。这里,通过否定地肯定辩证法更加恰当地起作用——从我们以观念论的方式将之看作是一个达到更加具有细微差别的物质版本的精神这个方面,我们是在用黑格尔做背景,或者用更加传统的对黑格尔的解释做背景来解读黑格尔。

例如,第一种天真的观点是一种粗糙的经验主义或实证主义,它简单地接受何物存在并且不予理会那对于量度或感觉印象不透明的东西。为了超越这种观点就要将自己朝向更为观念的、更为精神性的解读开放——一种非还原主义的关于心灵、意识和语言的意义的理解。不幸的是,第二种视角也是二元论的,因为它使物质世界是其所是,并且假设了一个超越于它的观念世界,它充当意义和价值的来源。第三种"正确的"观点(黑格尔总是用正反合系列来处理)于是认识到,那个非常的复杂性以及非还原主义的意义总是已经内在于物质之中起作用,可它实际上根本就不是物质,而是物质-能量。这是我们对唯物主义的黑格尔式理解,它不是唯物主义的一种粗糙的、还原的或原子式的表现。

通过把地球当作是主体而不是仅仅肯定和赞成精神这个有利位置,我们是在以哲学观念论为背景而工作。进入这种黑格尔式的或准黑格尔式的空间,我们也肯定和插入一种对地球的德勒兹式强调。在《千座高原》中，德勒兹和迦塔里问“地球会认为它是谁呢？”因为他们假设的不是一种尼采的道德的谱系，而是道德的地质学——一种基于地球的对与错、善与恶的科学，它不仅鼓舞而且也有助于定义我们关于新唯物主义的方案。德勒兹的哲学一般被认为是反辩证法的，因此完全与黑格尔的不相容。但是我们主张，由马拉布和齐泽克提供的对黑格尔的新理解实际上是和德勒兹相容的，而黑格尔的《逻辑学》却能够与唯物主义者德勒兹的《感觉的逻辑》交叉。

我们把地球假设为主体，假设为通过思想达到自我意识。这是一个辩证的过程，当然不是以那种带有成见的累积式的黑格尔方式，而是以一种更加深刻辩证的或区别性的过程。通过彻底思考其自身的物质性、能量、力、层状地层、大气层和磁气圈、被包围的生命形式等，地球变成了它自己。这个过程是一个动态的和熵的过程，但是它依赖于一种部分地由德勒兹在《差异与重复》中提供的对热力学的重新概念化。熵不是热寂（heat death），即秩序和生命的不可改变的丧失，而毋宁是一种梯度差异的下降，即那种驱使着重复的集中力量。德勒兹批判“热力学的超验幻像”，并且要求我们考虑作为从高到低的动态过程的非对称性综合，这就是梯度的下降。这种洞见是非平衡热力学（NET）这种新科学的核心，它主张“自然憎恨梯度”。由艾瑞克·施耐德（Eric D. Schneider）和多里恩·萨根（Dorian Sagan）在《走向冷却》（*Into the Cool*）中介绍的NET容许我们把熵的相容性理解为热力学第二定律，进化则被理解为有序实体的进步性增长。[14]

我们断言，能量就是内在的德勒兹-黑格尔式的精神（或精神），能量避免了传统的精神和物质的二律背反，因为每个事物都是能量转换。再者，能量是电磁的，而我们并不完全领会或理解磁气圈，它如何涉及生命，以及它如何可能提供更多的能量。地球是能源危机的解答，但是我们并不知道如何像地球一样思考，德勒兹和迦塔里称之为机器界（mechanosphere）的东西。我们需要将我们的思维去疆界化（deterritorialize），从而把它从预定的惯例和规定的疆域中分离出来。

就此而论，本书是思维方面的一个实验，是对我们的传统理解的清淤（desedimentation）和变形，以及创造一个新地球的努力。在《千座高原》中，德勒兹和迦塔里宣称"地球、冰河是最卓越的去疆界化：这就是它为什么属于宇宙，并且将自己表现为物质的原因，人类正是通过它来利用宇宙力量。"[15]我们需要将地球自己的可重新利用的去疆界化能力导入宇宙力量。这不是一个新时代的魔术思维；它是彻底唯物主义的，并且直接和当代政治的、社会的、哲学的和科学的现实相接触。

为了概述一种新唯物主义的视域，我们将考察八个关键主题：数字文化、宗教、政治、艺术、伦理学、能源（和重新思考核能的激进方案一起）、存在和逻辑。对于所有这些章节，我们都依赖于其他人的知识和专业，因为我们远远超出了我们传统的学者领域，它们有欧陆宗教哲学、后现代神学、宗教的批判性方法、政治以及当代文化。然而，其中两个主题要求更广泛的领域以及两个不同的个人的供稿——艺术方面，是迈克尔·威尔逊（Michael W. Wilson），一个艺术家和纪录片电影制片人；能源（它分为两章，一章是更为一般性地论及能源，一章则是刻画一种思考核能的新方式，它基于凯尔文·麦奎特所写的方案）方面则是凯尔文·麦奎特，一位建筑师和独立研究员——我们请求他们关于这两章的知识和洞见，以及更一般地也从这些讨论和对话中获益。

最后，我们借助于事件提供了一种简要的结论，在许多方面它都是当代理论话语中最具批判性和革命性的概念。除了考察关于事件的一些概念，我们还发展了我们自己的特殊理解并且认为当下正在发生的东西是一种难以置信的转变，其后果尚未可知。我们邀请读者运用他们的神学想象力来分享这些重要的讨论，并且为这些进行中的发展作出贡献——就像尼采说的那样，在地球之下行走，或像地球一样思考，和地球一道思考，超越全球化的各种肤浅和不平等。

第一章　数字文化

毫无疑问，但是又明显难以理解的是，我们开始活动在一个市场及其逻辑一步步潜入我们生活的每一个领域的世界之中。从勃起到受胎，以及学校允许找配偶，有各种产品和专业人员来填满家庭和社区让我们失望的地方。商业广告恳求我们为自己着想以及关心自己，但是它是通过选择一个公司来做到这一点的，借此得以运用所有这种自主性。

——道格拉斯·拉什科夫

在赛博空间中，身体带着复仇回归了：在大众的看法里，"赛博空间是露骨的色情，"也就是说，露骨的色情被视为赛博空间的主要用处。字面上的"启蒙运动"、"存在之轻"、我们自由地漂浮于赛博空间（或者，甚至是在虚拟现实中）时所感受到的宽慰/缓解，并不是无身体的经验，而是占有另一个——以太的、虚拟的、无重量的——身体的经验。这个身体并不把我们束缚于内在的物质性和有限性，它是天使般的、幽灵般的身体。这个身体能够被人为地重新创造出来并加以操纵。因此,赛博空间在逐步对我们的经验进行去身体化的过程中规定了一种转向、一种"否定之否定"(首先是书面言语取代"活的"言语,然后是出版物,然后是大众媒体,然后是收音机,然后是电视机):在赛博空间中,我们返回到身体的直接性,但却是一种神秘的、虚拟的直接性。

——斯拉沃热·齐泽克

1978年,克里斯托弗·拉什(Christopher Lasch)出版了一本影响一代人的题为《自恋主义文化:期望递减时代的美国生活》(*The Culture of Narcissism: American Life in an Age of Diminishing Expectations*)的著作。这本著作写于一个被诸如马丁·斯科塞斯(Martin Scorsese)的《计程车司机》(Taxi Driver, 1976)和弗朗西斯·福特·科波拉(Francis Ford Coppola)的《现代启示录》(Apocalypse Now, 1979)这样的电影杰作所体现的伟大美国人的不安的时代。这是一个美国社会依然从水门丑闻及其在越南的失败感到刺痛,同时面临高失业率和通货膨胀以及普遍的城市衰落的时期。引人注目的是,它是美国第一次意识到全球能源危机,这仅仅在1973年阿拉伯石油禁运之后短短几年里。一个因为汽油价格飙升而被记住的时代。这是在罗纳德·里根非常有名地宣布美国的春天又来了之前的时代,因此就像这本书的副标题所暗示的那样,一种悲观主义的情绪蔓延开来。然而,为了我们的目的,关于这本里程碑著作最有趣的和最重要的东西就是拉什如何提供了一种对同一性政治改变为自我实现治疗方式的批判性分析。就像他在这本书的序言中解释的那样:

这本书……描述了即将垂死的生活方式——竞争性个人主义的文

化，在其衰落中它将个人主义的逻辑带到一切人反对一切人的战争这个极端，追求幸福以至于自恋式沉迷自我的死胡同。自恋式存活的策略现在表现为从过去的压抑条件中解放出来，因此产生了一种“文化革命”，这种革命又再生产了它宣称要批判的崩溃文明的最坏的特征。[16]

通过对这种胡作非为的个人主义逻辑的指控，以及对20世纪60年代后期与70年代早期的所谓反文化革命的错误开始和尽头的指控，拉什将目光锁定在新左派的失败上以兑现它自己的诺言。借助于拉什的解读，新左派与其说证明提供了它承诺的解放政治，还不如说由于其对政治冲突的后意识形态平庸化，它实际上实现了一种政治的置换。通过我们的解读可知，正是这种相同的批判处于占领华尔街抗议的中心。就像齐泽克关于占领运动所写的那样，“西方的左派兜了个圈又回到原地：在抛弃所谓的‘阶级斗争本质主义’之后为了反种族主义者、女性主义者的多元性，以及其他的斗争，资本主义现在明显又以这个问题的名义重新出现了。”[17]或者，用麦肯齐·沃克（McKenzie Wark）的话说，“关于占领华尔街最有趣的事情是这一暗示，即缺乏的主要东西不是要求，而是过程。所缺乏的东西就是政治自身。”[18]

一点儿也不奇怪，拉什的研究很快就被信奉新传统主义的右派所利用。如果治疗式的感觉性（therapeutic sensibility）与自恋主义文化联系在一起，那么现在时刻的必要性——这个时代的社会政治危机——就是复活那些传统的意义和社会关系的工具。但是这样做，他们没有抵消他们正要打算批判的那种个人主义逻辑，因为在对传统的任意重新激活中，他们也在贩卖自我实现的神话。用拉什的话说，“因此，他们强化了他们假装要治愈的疾病。”[19]

相反，拉什虽然承认“已建立政权的虚弱性和已确立传统的枯竭”，但是他提供了一种更为根本的批判，这种批判表明“资本主义政治危机”

如何“反映了一种普遍的西方文化的危机”。面对这种普遍的危机，现代自由主义，即那个曾经上升着的中产阶级的主导性政治理论，已经丧失了统治的能力，更不要说理解跨国公司和超国家主权时代流行的经济力量和政治力量。所以，虽然他的著作是对胡作非为的个人主义逻辑的极大的揭露，但是它并不追随一个明显悲观主义的社会，也不简单地号召个人忍受更伟大的道德目的和责任。

的确，和这样一些对时代迹象所做的过分简单化的解读相反，拉什对自恋主义文化的分析预见了由齐泽克形成的反直觉的精神分析洞见。例如，拉什坚持认为，自恋主义文化并不是对个人的私人自我（private self）进入公共领域的任意肯定，而毋宁是自我的崩溃和解体。就此而论，它并不是文化的自我美化的象征，而是普遍的个人绝望。在齐泽克很久以后通过悖论性的“享受的命令”来定义超我的地方，拉什很早就详述了这种没有限制的自我对自我构成的潜能所做的破坏：

> 现代商品广告和善的生活鼓励冲动满足并且使得本我为自己的愿望道歉或者掩饰它们的浮夸比例成为不必要。但是这种相同的广告把失败和损失也变成不可支持的了。当这个新纳西索斯（Narcissus）最后突然想到他能够“不仅无需名声而且也无需自我生活，能够无需让一个人的同胞意识到其在这颗星球上所占据的极小空间而生活和死去”，他把这种发现不仅体验为一种失望，而且也体验为对他的自我感（sense of selfhood）的一种惊人的打击。[20]

因此，拉什表明，在和那些为即将到来的文化危机提供后政治的或后意识形态解答的明显对照中，“它现在所假设的这个规模上的个人危机就代表了一种政治问题本身”[21]。虽然热切地意识到他当时将其知觉为“现在对政治的反感”，但是拉什还是提供了“把政治用作社会变迁工具的希望”[22]。

与现在这本书相似的是，我们关于一种新唯物主义视域的承诺包含着一种对文化、宗教、政治和经济的批判性分析，并由之推动。我们的视域是，拒绝走向高度专业化的学术压力，相反选择宣言风格的话语以证明行动的紧迫性。的确，这本书建立在思维就是行动这个观念的基础上。我们不加修正地接受马克思最基本的唯物主义自明之理，即分析的目的不是仅仅为了解释现实，而是要改变现实。也就是说，通过将我们设想诸如能量、艺术、逻辑和数字文化这些主题的方式重新概念化，每一个都不仅独自代表了一种理论的挑战，而且也代表了一种政治的挑战。不管它是处于正在逼近的能源危机还是伴随着更普遍的自然资源枯竭，那种冒充现实政治的政治宿命论或犬儒主义对于我们所面对的挑战并不充分，而且揭示了我们的破产了的政治秩序的完全不起作用的本质。

例如，考虑一下在拉什的研究和我们自己的研究之间的时代，对政治的反感如何只是增长，就像自恋主义文化已经被神化为著名的新规范。为了证明这一点，或者作为文化的症候，我们可以引用《时代》杂志为其2006年的年度人物所做的选择——“你们”。正如这本杂志的编辑莱夫·格罗斯曼(Lev Grossman)在这一期的封面文章中解释的那样，伴随着Web2.0的发明，关于共同体与合作的故事使任何“伟大人物”的历史理论黯然失色。通过强调由开放资源计划和诸如Wikipedia和YouTube这样的因特网地址，社会网络如Myspace和Facebook，以及整个博客领域所扮演的角色，在知识的存储和可获得性方面不仅存在着彻底的变化——也就是说，谁拥有新闻和信息，以及它属于谁——而且在我们报道即时新闻的方式上，在模糊报道、评论和娱乐的边界方面，以及在人类关系的结构中也存在着彻底的变化。就像格罗斯曼讲述的那样，通过命名“你们”为年度人物，“其内容就是关于多数人从少数人那里攫取权力，以及徒然地相互帮助，以及这一点将如何不仅改变世界，而且也改变世界改变的方式”。于是，在谨防将Web2.0的民主后果作过度浪漫化的错误以及承认这种大规模的社会实验很可能失败之后，格罗斯曼用时代的希望之声作出结论：“这是构筑一种新的国际理解的机会，不是政治家与政治家、伟人和伟人，而是公民与公民、人和人之间的理解。”

在某种程度上，这种通过传统公司媒体的坚定分子之一对人民权力的承认可以被看作是迎合（pandering）的明显案例，如果不是作为一种通过拉拢社会媒体以及强占和众多使用者联系在一起的能源、热情和发明从而把权力从人民那里攫取回来的企图的话。例如，当这个故事首先打破的时候，许多炫耀都致力于其要花招的封面，上面有iMac电脑的特写，加上用作其屏幕镜像的薄金属平板。所以，不仅《时代》采取了集体的“你们”作为其年度人物，但是这本杂志的每个个别的读者现在不可能在该杂志的著名封面上看到他的/她的脸。很难说这是否受到科恩兄弟（Coen brothers）的1998年电影《大人物勒布斯基》（*The Big Lebowski*）的鼓舞，但是在杰夫·布里吉斯（Jeff Bridges）扮演的人物“督爷”（the Dude）看到《时代》镜像封面（mirrored cover）中他自己影像的地方，那里的意义很明显是恶搞。毕竟，很难找到一个和“督爷”相似的“年度人物”。但是，一旦市场上的督爷们意识到，他们可以轻易地在网上免费找到他们的媒体内容，那么公司媒体就必须全力以赴将他们带回到信徒那里，或者至少，诱使他们再次变成付费消费者。就像丹·吉尔默（Dan Gilmor）在公民媒体中心指出的那样，“在封面没有说‘我们’取代‘你们’这一事实中存在着一点儿实际——部分地因为它是这本杂志的传统的、皇室的思维的残余，其中他们告诉我们每件事情，而我们要么买要么不买。如果这个年度人物是你们全部，那将使‘我们，即这些决定什么是新闻的人’仍然留在大门里面。”[23]

但是更有甚者，我们必须质疑《时代》在“你们”中所阐明的希望的前提。当格罗斯曼谈到一种新的基于集体的和参与性公民身份（engaged citizenship)的人与人关系的国际理解的可能性时,不可否认新技术和社会媒体的民主化潜力——目击突尼斯和埃及的阿拉伯之春的民主革命的成功,或者由占领运动所引发的超越政治和经济对话的重新定向。的确,正是这一点首先被意大利诠释学哲学家吉亚尼·瓦蒂莫(Gianni Vattimo)在他的著作《透明的社会》中作为后现代条件的真实意义而加以理论化了。也就是说,我们目前的时代是以普遍化的交流和大众媒体为特征的,这不仅意味着我们目前的社会是"更加透明的,但是也更加复杂,甚至无序的",进而,"我们的解放的希望就存在于这种相对的'无序'之中"[24]。后现代条件使得任何单一的世界观或者任何线性历史变得不可能。因此,和反映在黑格尔的绝对精神或马克思的从虚假意识里解放出来的人性概念中的现代清醒意识模式相反,瓦蒂莫的后现代解放模式是"建立在摇摆、多元性的基础之上,最终,建立在'现实原则'的侵蚀基础之上"[25]。通过这种方式,虽然瓦蒂莫谈到大众媒体"在后现代社会的诞生中"扮演了"一个决定性的角色"[26],我们应该补充一下,正是和今天的数字文化联系在一起的这种新技术和社会媒体成为我们自己的政治希望的物质基础和手段。

又是《时代》杂志,以及许多其他主要新闻机构,它们参照抗议2009年有争议的伊朗总统大选引发的政治暴动而宣布"推特革命"(the Twitter Revolution)。推特只是在2006年才建立,但是到2009年6月伊朗政治抗议的时候,它早已变成逃避政府控制媒体的审查制度的社会话语的基本手段。所以,当艾哈迈迪·内贾德(巧合的是,他被谣传为《时代》杂志2006年的"年度人物"中"你们"的第二名)寻求通过传统独裁主义的方式来破坏政治抗议的信誉时,这种做法由于通过推特向世界广播只是给整个德黑兰街头火上浇油。作为"红极一时的媒介"(medium of the moment),一个自由的、移动的、个人的、迅速的和容易传播的东西,"这使得推特实际上对于一个大众抗议运动是非常理想的,它对普通公民来说非常容易使用,而对任何中央集权来说则很难控制。"[27]一些人走得太远,以至于宣称由于社会媒体而成为可能的数字革命是极权主义的丧钟。[28]其他人则正当地压下这些吹嘘的、不现实的期望,指出社会媒体为伊朗流放者产生一种团结感以及为变成新闻传播和伊朗外部人士抗议影像的主要出口做得更多,就像它实际为协调伊朗内部的街头抗议者所做的一样。通过这种方式,所谓的推特革命可能更加成为关于媒体版图中的变迁,而不是关于政治现实中的任何根本改变。[29]

然而,它就是我们的唯物主义诉求,这也恰好是美国实用主义者威廉·詹姆斯的诠释学经验法则,即每个差异都制造差异。虽然我们还没有笨到去宣判极权主义的终结(毕竟,我们早已目睹用来发酵伊朗革命的同样数字技术后来如何被当局以一种系统的和野蛮的方式用来确定和围捕抗议者),但是我们也没有接受媒体和政治之间的硬性划分。正是这种媒体版图中的变化建立了真正的和有意义的政治变迁的物质前提条件。通过这么说,我们的意思既非政治变迁是自动的或不可避免的,也非最终形成的任何变化都必然会采取一种民主的形式。所以,说得更清楚些,我们的断言是对于积极的政治变迁来说,由于社会媒体的兴起而成为可能的媒体版图的改变是一个必然原因,而不是一个充分原因。同时,媒体版图中的这种变化是真实的和具体的,而这种变化对于传统媒体来说不可能加以计算,也不可能全部强占。正如道格拉斯·拉什科夫关于占领运动所写的那样:

公平地说,一些主流新闻记者和许多他们所服务的观众为什么将占领华尔街抗议看作是不一致的理由,是因为新闻界和公众就是他们自己。很难从我们沉浸于其中的20世纪的政治、媒体和经济的视角来理解21世纪的运动。[30]

“事实上”，拉什科夫继续说，“我们正在目睹美国第一个真正的因特网时代运动，它——不像公民权利抗议、劳工游行，或者甚至奥巴马竞选活动一样——并不是从一个魅力型领导人那里得到暗示，而是在保险杠贴纸长的目标中表达自己，并且把自己理解为拥有一个特殊的目的。”[31]

回到我们对伊朗事件的解读上，作为一个判例案件它预示了阿拉伯之春这个更加基础广泛的革命，我们必须坚持的一点是伊朗的抗议者对推特的完美利用如何表现了与奥威尔的“老大哥”观念截然相反的“小兄弟”观念。但是在借助人民的权力规避独裁主义控制从而宣布对这种新数字时代的胜利之前，我们必须承认“老大哥”的威胁决不会被彻底克服。“老大哥”代表着因为完全的监视，因此是绝对的社会控制而带来的独裁主义国家的威胁以及独裁主义社会的威胁。伴随着“老大哥”监视的幽灵，真理就变成了国家通过宣传、社会强制以及始终存在的暴力威胁所宣布的任何东西。例如，在整个英国，作为遏制犯罪的监控摄像头以及警方的监控设备的使用都非常突出。据估计，仅仅在伦敦就有超过50万部监控摄像头在用。有人说，伦敦人平均每天照相50次。随着整个英国超过400万监控摄像头投入使用，这相当于差不多每14个英国公民就有1个摄像头，而这也是持续增长的警告即英国已经变成了一个“监控国家”[32]的原因。

不甘示弱，在“9·11”攻击的直接后果中，五角大楼发展了它称之为“全部信息识别”（Total Information Awareness）的计划。这将是一个巨大的电子搜索网，它从日常数字技术如电子邮件、电子商务、手机网络、信用卡和借记卡的历史那里收集到的数据中进行挖掘。这个方案建立在由技术消费者连续自愿使用的基础之上，通过这些技术，他们的个人数据就变成了公司的财产。就像2002年12月《纽约时报》的一篇文章解释的那样，“换句话说，平民欣然接受了国家监控系统的技术前提，这种监控系统五角大楼的策划者称之为全部信息识别。”

虽然公民自由主义者正当地反对这些电子搜查的法律基础和宪法基础，虽然全部信息识别方案的具体计划最终废弃了，但事实是，一旦消费者为了开一个新的银行账户或信用账户，为了得到一个社会网络地址，为了进行网上购物等等，而自愿地签字移交了个人信息给公司实体，那么这种个人的数据就不再排他性地属于私人个体。虽然政府可能正当地被禁止直接得到一个人的个人数据，但是通过走向公司自身它能够轻易循环地(end-around)解决这个宪法的和法律的障碍。公司现在拥有一块一个人的个人历史，而公司被看作是个体的私人公民，这一事实意味着要是公司实体决定遵照政府对信息的要求，那么就很少有或没有对私人公民的要求。考虑一下我们的生活、我们的商业以及我们的社会互动都如何越来越多地在网上进行，这种获取技术的途径很可能是以权利为代价，或者至少是以对隐私的合理期望为代价而得来的。一些法律学者甚至推断，数字文化的这个方面不久就会加速宪法危机。[33]不仅我们关于公民自由的法典可能不得不重写以包括虚拟世界，而且和主权民族国家联系在一起的边界在商业、交流和娱乐的万维网(worldwide web)中也是没有意义的。

更有甚者，虽然法律先例支持个体消费者对隐私的合理期望，但是伴随着网上跟踪装置的日益复杂化，这种合理期望的基准日益成比例下降。正如最近报道的那样，媒体和技术公司正在把被称为本地共享对象(flash cookies)的东西并入他们的网址。这意味着，即使一个个体可能将他们的个人设置设到最大的隐私，但是本地共享对象存储在个别的文件目录中，所以并不很容易发现和控制。结果就是，软件容许公司在他们不知道的情况下创建关于消费者的详细配置文件。[34]

不要弄错，尽管和“老大哥”联系在一起的独裁主义国家这个弦外之音，正是技术和企业合谋使得老大哥的监控社会梦想变为一种可行的可能性。虽然西方的许多人谴责中国的绿坝花季护航软件(Green Dam

Youth Escort)软件包,这实际上是一种政府的间谍软件系统,但是世界上那些民主的和表面上自由而开放的社会都急着通过法律给予警察和安全部队以更大的互联网权力和数字监控的权力。一个技术博客作者认为,这是"糟糕的公共卫生(civic hygiene),将来某一天可以用来促进一个警察国家"[35]。这没有说到任何关于这种监控技术的潜在非官方用途。所以,不管是通过犯罪挪用还是政府的滥用,它都似乎是一个双输的命题。由于我们日益对数字技术的依赖,实际上没有任何方法来阻止私人或个人渗透进公众。的确,我们必须将这种考察推得甚至更远:和新唯物主义有关的对数字文化的分析教给我们的东西是不可能区分开私人与公众,真实与虚拟。

考虑一下这里的反讽:沃卓斯基兄弟的《黑客帝国》三部曲培养的一代人现在成立通过各种社交网站——从真实的荒漠到开心农场——而完全紧跟在时代后面的一代人。就像脸书(Facebook)创立者马克·扎克伯格(Mark Zuckerberg)在一封就其新采用的安全协议致脸书用户的公开信中解释的那样,脸书在使世界变得更加开放和有联系方面处于最前沿的位置,因为"世界上超过3.5亿人在网上使用脸书来分享他们的生活"。在对这些新安全协议的分析中,电子前沿基金会(Electronic Frontier Foundation)得出结论说,脸书给个体用户以控制了他们的隐私设置这种幻觉:"这些新的'隐私'变化很明显意在推动脸书用户公开分享比以前甚至更多的信息。"当然,在故事的这个方面里没有任何新的东西。它就是弗兰肯斯坦神话(Frankenstein myth)的重演:人类变成自己创造物的牺牲品。

但是,引人注目的是,虽然许多人正当地怀疑国家的安全机构,并要求保护他们的公民自由,但他们对公司权力(corporate power)——或者更加准确地说,市场的逻辑借以潜入我们生活所有方面的方式,是完全轻信的或天真的。签字移交我们的隐私是进入所有社交网站和在线商务网站的代价。正如一位评论家指出的那样，“除了表情符号姿态（smiley-face posturing），用户决不应该忘记脸书在本质上仍旧不是一个共同体，而是硅谷创业公司，它总是渴望指数增长（exponential growth）以及新的收入来源（revenue streams）。”[36]一旦这种真理被强行灌输，我们会认识到我们就是脸书推销的产品，作为现成的、推送－选择的分布函数，作为一种更加复杂的营销调查问卷，这样我们作为消费者的身份就会被绝对精确地作为目标。媒体理论家道格拉斯·拉什科夫评论说：“所有这种信息传送的累积后果与推广任何特殊产品的关系要少于推广广告自身潜在信息的关系：你们个体消费者重要。你们是唯一。”[37]

所以，虽然数字文化庆祝个体从精英那里夺走权力，但是它是一种奇怪的——如果不是玩世不恭的话——几乎是排他性地根据消费者的主权加以定义的统治形式。拉什科夫讲述了一个著名的让人热泪盈眶的广告经理的故事，同时庆祝这一事实，即“消费者现在处于完全控制地位”，然而接着用下面的说明来描述这种新的授权形式：“我的意思是她能够回家，她将决定她什么时候买，她买什么，她在哪儿买，她怎样买……哦，天啊，她们买到了，你知道，她们在每一个年龄段都如此得到了授权。她们不是玩世不恭，她们完全得到了授权；她们是自动化的。一切的恐惧都消失了，所有的控制都被消费者忽略了。这是一件好事情。”[38]正是考虑到这一点，《时代》杂志在“你们”中宣称的希望必须受到质疑。因为我们在网上发现的东西与其说是一个人与人联系的有联系的和参与性的公民，还不如说是一个数字市场，在这里不仅我们的身份被定义为消费者而且（自愿地）作为消费者被剥削，而且个人身份自身也被揭示为一个可取代的和可塑的产品。拉什科夫再一次抓住了要点：

从业者们努力销售这一观念，即人们是可预测的和可说服的——至少当他们受到最近出售中的操纵的影响。所以，虽然向他们自己、他们的读者以及他们的亲人主张消费者是得到授权的，在负责，且获得控制，但是这些相同的营销大师同时也在给他们的客户提供工具，他们承诺这些工具将使消费者们几乎完全变成可编程的。[39]

这是带有更柔软一面的、更和蔼与更温和社会工程形式的“老大哥”。

相比之下，“小兄弟”可以参照独裁主义控制的另一面。这就是政治哲学家谢尔登·沃林（Sheldon Wolin）在当代的、后“9·11”美国社会和政治中记录的“颠倒的极权主义”（inverted totalitarianism）。[40]它也是阿历克西·德·托克维尔（Alex de Tocqueville）首先将之理论化为现代民主社会的永恒威胁的东西。正如托克维尔质疑的那样，如果一个人的压迫的来源来自君主对绝对控制或社会霸权的寻求，它预先排除了言论自由和研究，不管它是官方的还是自我审查的，那么它会有什么不同呢？

当菲利普·罗斯（Philip Roth）在他的小说《反美阴谋》（*The Plot Against America*）中想象一种不同的美国形式的法西斯主义的潜在可能性时，他的典型既不是希特勒也不是墨索里尼，而是一大片善意的、具有常识的美国人，他们自己对权力并没有什么特殊的兴趣，但是他们却表示同意了，如果不是许可的话，而他们的邻居和以前的同事及朋友在怀疑的阴云之下悄悄地消失了。反美阴谋说的是，一个自由而开放的社会可能轻易地并且在任何时候被多数人的暴政所推翻，一个被大众意志顽固统治的社会可能会成为它自己的恐惧和无知的牺牲品。

但是，就像柯瑞·多克特罗（Cory Doctorow）的同名小说所阐述的那样，“小兄弟”也可能成为我们的授权的来源以及我们的政治动员的途径。确实，技术给予“老大哥”一个有利的开端，但是多克特罗坚持认为我们可以颠倒这种主奴关系。在一个全面的、相互连结的监控系统中也存在着致命的缺陷，因为被用来在网页上抓住我们所有人的相同技术可能被用来从内部推翻或爆裂这个系统——作为一种非对称战争的非暴力形式的“小兄弟”。“关于安全系统的重要东西”，多克特罗的主要人物马尔克斯·亚洛（亦称 M1k3y）早就在小说中宣称，“并不是它们如何起作用，而是它们如何失败。也许，所有的自动筛选都被期望着去抓恐怖分子。也许，它迟早会抓住恐怖分子。问题是，它也抓我们，即使我们没有做任何错事。”M1k3y 于是把这个问题转变成了一种有意义的抵抗策略：“它抓住的人越多，它就变得越脆弱。如果它抓住太多的人，那么它就死了。懂了吗？”[41]因此，当旧金山重大恐怖袭击之后国家安全和警察机关开始围捕和怀疑其公交地铁卡或高速公路电子收费系统 E-Z Passes 暗示着可疑行为的普通公民时，M1k3y 发现了一个侵蚀或歪曲数字信号传输的方法，使旧金山街道上的每个旅行者实质上都变成了怀疑对象。通过过载电子网，它实际上是被禁用了（disabled）。当在线聊天室被害怕青年暴动的卧底警察渗透进来时，M1k3y 并没有私下逃走，相反通过和所有城里的青年人（他们被邀请在商务中心网站聚会，着好装并扮演吸血鬼）秘密地组织快闪族（flash mob）而在实际上激发了这种恐惧。当这个警察国家的全部力量逼向一群没做别的而只是在玩耍的爱和平的儿童时，这个非暴力的、非政治的集会很快就变成了既是暴力的又是政治的。因此，那个道德高地就被放弃了，因为“老大哥”的做事过头被“小兄弟”的出众狡猾所揭露。这样设想的话，“小兄弟”就是一种颠覆性的叛乱力量。

多克特罗的小说是被作为一本青年小说来销售的（例如，“一本关于技术怪人反抗的激动人心的故事”），并且打算将读者的天然青少年反抗导入一个可行的和相关的政治意识和文化意识。但是，正如多克特罗在附录中表明的那样，故事中所构成的威胁以及主人公所使用的战略和战术不只是异想天开。多克特罗是开源运动的拥护者；他理解黑客们在数字技术和编程的发展中所做的积极贡献，并且坚持认为我们能够借以保护我们自由的唯一途径不是借助于一种膨胀的安全设备，而是通过完全曝光，这样最优秀的人才和技术人员被给予开放权限来决定、揭露和修复系统中可能存在的任何错误。激进的民主理论家迈克尔·哈特（Miachel Hardt）与安东尼奥·内格里（Antonio Negri）在其他地方也解释过对开源运动的这种信任，作为“由个体天才所创造的纯洁大教堂”观念及与之相对的“软件开发的集市方法”之间的对比。他们将后者视为一种“群体智能”形式，其中我们可以一劳永逸地认识到“我们在一起要比我们当中单独任何一个人更为聪明”。于是，他们把这洞见应用于他们在重新思考民主的概念基础方面所做的主导性政治努力。“理解多数人民主的一条途径”，他们写道，“就是一个开源社会，也就是说，一个其源代码被这样揭露出来，以便我们都能够合作从而解决其错误并且创造新的、更好的社会计划。”[42]

这也是约翰·杜威表达过的关于民主治理的相同哲学：对那使民主苦恼的东西的治疗总是更加的民主。对于多克特罗来说，对那可能威胁我们的自由开放社会的东西的治疗是更加的自由和开放。正如维基百科（Wikipedia）改变了我们的真理概念和知识概念一样，所以开源运动也可能会改变我们的安全概念和防护概念。我们从这里得出和新唯物主义有关的教训是，当谈到自由和创造性的时候，这些并不是零和游戏（zero-sum game）。存在着生成性能力（generative power）。像往常一样，这个问题是，这种生成性能力受到两个方面的威胁：如果听之任之，从高处和国家机构一起总是为了巩固其权力而趋向于增强的安全，以及从低处则是和平庸化一起。

回到前面对伊朗“推特革命”的讨论，作为一个真正的大众媒体，推特提供了反对腐败和独裁主义政权的政治抵抗的技术途径。但是对推特的大多数追随用户的快速一瞥表明，前25中的24%来自娱乐界和体育界，只是除了巴拉克·奥巴马，一个由于其对社会媒体和名人崇拜

(cult of celebrity)的有效利用而闻名的政治家。[43]回忆一下拉什的《自恋主义的文化》中的身份政治批判——通过对政治冲突的琐碎化,它实际上是将大众去政治化了,同时将公民普遍化地社会转型为消费者。去政治化了的人口在政治上是中性化的,考虑到全球资本的跨国流动这个似乎势不可挡的力量,这一事实尤其令人烦恼。所有这一切都说明,虽然推特可能表达了抵抗,并且可能规避了国家对媒体的控制,但是它更是由于其名人崇拜而广为人知。它内部就包含着革命性的、病毒性的潜力(revolutionary, viral potential),但是迄今为止消费者文化的抗体已经证明太强大了。

和这种革命性的病毒性的潜力一起的是病毒视频(viral video)的概念,它首先是由拉什科夫提供给我们的。为了抵消关于大一统的大众媒体——它操纵着不知情的大众的——这种轻率假设,拉什科夫阅读了大众媒体的颠覆性的、反对现存社会体制的消息。因此,他主张,我们的大众文化实际上是一种反文化的政治,它的权力可能会被用来服务于各种各样的目的。拉什科夫引用的一个典型案例就是罗德尼·金被打(Rodney King beating)的录像带。在这个案例中,主流媒体成了1992年旧金山市引发的打劫、暴力和破坏的不知情的帮凶。不是由新闻机构(news outlet),而是由普遍公民捕捉到的燃烧弹的片段镜头能够突破和砸开一个城市的法律和秩序的外表,它已经长久以来没有意识到其警察暴行和腐败的历史。在他的最近著作《生命股份有限公司:世界如何变成一个公司以及如何将它收回》(*Life Inc.: How the World Became a Corporation and How to Take It Back*)中,拉什科夫重新审视了这个原始分析,并承认病毒视频的革命性力量如何被繁琐化,以及更有甚者,如何被企业广告商利用以实现表面口头宣传活动的独一无二的秘密潜力:

“病毒式营销”(viral marketing)这个术语,我必须带着一种骄傲和悲哀的奇怪混合予以承认，开始于我的20世纪90年代早期著作《媒体病毒！》(*Media Virus!*)，在这本书中，我设想观念像病毒一样在交互式媒体空间中扩展开来。我很骄傲曾提出一个著名的观念，但是我也被它采取的方向弄得不安……我本人的著作关心的是新闻条目和反文化线索——罗德尼·金录像带或《南方公园》(South Park)——向上扩散至超越传统守门人控制的主流媒体。《快速公司杂志》(*Fast Company magazine*)在这个概念中看到了一种新版本的口碑，市场在过去推销不可广告的产品如烟和酒方面就使用得非常成功……伴随着因特网运行良好，一种新的开展这种病毒-风格的营销方式现在可以得到了。[44]

我们从这里得到的教训就是，像拉什这样的人所感到遗憾的政治平庸化不仅是被误导的政治战略的原因，而且也是企业控制的直接的和有意的产物。再者，虽然我们可能多少会警惕以国家权力形式出现的“老大哥”的威胁，但是我们却理所当然地接受企业对我们的隐私的侵犯。同时，因为公与私之间的边界、真实与虚拟之间的边界、物质与非物质之间的边界日益模糊到不可见，我们必须重新激活抵抗政治，它仍然保持为数字文化的潜在革命可能性。正是在这里，我们发现了国家(body politic)的潜力。通过这种方式，数字证明了新唯物主义的重要概念以及新唯物主义成功前景的关键。

总之，非物质的东西重要。

第二章 宗 教

我们一时都成为费尔巴哈派了。

——弗里德里希·恩格斯

我们现在都是弗洛伊德主义者了。

——威斯坦·休·奥登

对宗教的经典唯物主义批判开始于路德维希·费尔巴哈。通过将上帝描述为一种人类的投射,费尔巴哈承认——虽然超越了——弗里德里希·施莱尔马赫把宗教的本质定义为主观的情感。以一种让人回忆起后康德的黑格尔辩证法的方式或受其鼓舞的方式,费尔巴哈并不满足于那种现成的定义,即把宗教看作是停留在人类意识的前认知状态的那种绝对依赖的情感。正如存在一种宗教的主观性本质,所以也存在一种客观性本质。宗教主体不仅生于无限能力的情感,而且也来自这种情感的客观化。宗教不止变成一种情感,它还变成了本体论的,它还变成了物质性的。

所以,费尔巴哈之于施莱尔马赫,就像黑格尔之于康德。鉴于施莱尔马赫通过将神学由上帝重新定位至人性而在宗教思想中实现了一种哥白尼革命，费尔巴哈则更进一步，指出即使是为宗教而保留的人类意识的前认知领域也被揭示为一种再思。也就是说，宗教是一种历史的建构，一种人类心灵的产物。因此，通过费尔巴哈在"宗教向自我意识的觉醒"时的自我描述的努力，他更是为其自身更深层的自我知识提供人性的基础。[45]毕竟，这是费尔巴哈对宗教的分析中的精神和原创性，因为"宗教是人类最早的，也是间接的自我知识形式"，这意味着"对上帝的意识就是自我意识，关于上帝的知识就是自我知识"。简而言之，正如费尔巴哈写的那样，"你可以通过人的上帝认识人，也可以通过人认识他的上帝；二者是同一的"[46]。

根据这个分析，我们能够将两个关键的要素确认为是对宗教的唯物主义批判。首先，宗教分析的要义肯定不是为了宗教；确切地说，它是到达目的的手段。宗教被用来为自己解释人性。通过把宗教知识宣布为自我知识，神与人之间的对立被打破了。上帝的属性实际上就是大写的人的属性，或者至少，最好的人性。只有现在，通过投射那种欲望于自身之外，甚至上帝，宗教让位于蒙昧主义，因此自我异化了。用费尔巴哈的话说，"为了充实上帝，人必须变得穷困；上帝可以是大全，而人则必须是无……人从自身所取消的，他在自身中所放弃的，他只有在上帝的无比高的和全面的尺度中才能享受到。"[47]把宗教看作是自我异化的观念是唯物主义宗教批判的第二个关键要素。准确地说，正是它使得这一批判不仅是人道主义的，而且是唯物主义的。正如马克思谈及费尔巴哈的著名的话，分析的意义不是只为了解释现实，而是为了改变现实。虽然费尔巴哈从未发展无论是政治还是虔诚来匹配这种唯物主义目标，但是他表明他的解释的要义是改变。"将人与其自身分离"，以及把上帝置于人之前作为其反题，都是不可接受的。"因此"，费尔巴哈写道，"必须表明，这个反题，这个关于上帝和人的区分——宗教就是从这开始的——

就是人与其自己本质的区分。”[48]

鉴于这种展开的辩证法可以辨别为黑格尔式的，所以必须不能丧失的就是，它也是一种对黑格尔观念论的唯物主义颠倒的尝试。就像一位杰出的学者指出的那样，费尔巴哈“旨在完全推翻黑格尔主义”，这种推翻同时也是黑格尔的思辨思想在“费尔巴哈本人的唯物主义和无神论”中的真正的和完全的“实现”。[49]或者，用弗里德里希·恩格斯在1888年一个表达“荣誉债务”(debt of honor)的评论中所说的话，他和马克思都将费尔巴哈看作是对他们的思想产生更大的影响胜过其他任何后黑格尔哲学家：

这时，费尔巴哈的《基督教的本质》出版了。它直截了当地使唯物主义重新登上王座，这就一下子消除了这个矛盾。自然界是不依赖任何哲学而存在的……在自然界和人以外不存在任何东西，我们的宗教幻想所创造出来的那些最高存在物只是我们自己的本质的虚幻反映。魔法被破除了；“体系”被炸开并被抛在一旁了，矛盾既然仅仅是存在于想象之中，也就解决了……那时大家都很兴奋：我们一时都成为费尔巴哈派了。[50]

作为对黑格尔观念论的唯物主义颠倒，费尔巴哈偏爱自然主义，胜过黑格尔对作为理性承担者的人的强调，这也和黑格尔的思辨抽象形成了对比。费尔巴哈的新哲学关注的是肉身化的人类个体及其具体的情感和需要。[51]

从这种经典的唯物主义宗教批判中，我们这时就得到了那个熟悉的结论，即一旦上帝被揭示为人类的投射，宗教被揭示为异化，神学被揭示为大写的人类学，那么宗教给自身的启示就揭露了宗教对所有人类事物的否认或拒绝，这在基督教对世界的轻视中显示得最明显。这也成为怀疑诠释学的范例，其中从费尔巴哈到马克思、尼采和弗洛伊德只有那么一小步。例如，正如马克思的著名论断，“对宗教的批判是其他一切批判的前提”。这里，就像在他之前的费尔巴哈，马克思预示着把宗教批判用作一种达到目的的手段。类似地，在著名的《黑格尔法哲学批判》的导言中，马克思提供了对费尔巴哈的作为自我异化的宗教观念的完美概括。他写道，“反宗教批判的根据是，人创造了宗教，而不是宗教创造了人。就是说，宗教是那些还没有获得自己或是再度丧失了自己的人的自我意识和自我感觉。”[52]虽然马克思在他的政治经济学中经常使用神学意象(theological imagery)，但是在很大程度上这种意象只是解说性的。然而，通过致力于这个问题即宗教如何在意识形态上服务于受抑制的经济秩序而起作用，他证明宗教知识如何是一种自我知识的形式——或者，更准确地说，宗教如何是一种虚假意识的形式，因此需要把唯物主义的宗教批判作为所有意识形态批判的前提。

但是为了推进这种唯物主义的宗教批判，我们必须和马克思一起更进一步，超越费尔巴哈。把宗教看作是一种意识形态的形式，一种混淆社会实在、经济实在和政治实在的物质基础的上层建筑的工具，这还不够。确认和解释宗教的这种自我异化方面，这也不充分。用马克思的术语来说，“迄今为止所有现存的唯物主义——包括费尔巴哈的唯物主义——的主要缺点”就是“理论的态度”对“革命的”或“实践的——批判的”活动的挥之不去的特权。[53]简而言之，要使这种唯物主义批判彻底，它就不应该是“一个理论的问题，而是一个实践的问题”[54]。对于费尔巴哈将其宗教分析植根于具体的情感和需要之中的所有努力以及他对黑格尔辩证法的采用和颠倒(黑格尔的辩证法表明，宗教是一个历史的和文化的产物，上帝的观念因此是人的创造物)，马克思最终会推断说，费尔巴哈“没有看到‘宗教感情’本身就是社会的产物，而他所分析的抽象的个人实际上是属于一定的社会形式的”[55]。换句话说，费尔巴哈仍然是一个本质主义者，他的宗教批判依赖于一种他名之为“类意识”的自然化的概念。

正是由于这一点，马克思保留了也许是他论费尔巴哈的最严厉的命题，他写道，“因此，他（费尔巴哈）只能把人类的本质理解为‘类’，理解为一种内在的、无声的，把许多个人纯粹自然地联系起来的共同性。”[56] 比较一下费尔巴哈把人当作“内在的、无声的共同性”这个指控与来自马克思的最为人知的，也许是被最广泛误解的论宗教段落中的怜悯感：

宗教里的苦难既是现实的苦难的表现，又是对这种现实的苦难的抗议。宗教是被压迫生灵的叹息，是无情世界的情感，正像它是无精神活力的制度的精神一样。宗教是人民的鸦片。

废除作为人民的虚幻幸福的宗教，就是要求人民的现实幸福。要求抛弃关于人民处境的幻觉，就是要求抛弃那需要幻觉的处境。[57]

伴随着马克思的宗教批判，反对苦难的困难和抗议就非常真实了，即使它的表现被错置以及/或被混淆了。正如马克思看到的那样，人民转向宗教的鸦片，只是因为他们如此绝望地需要它所提供的幸福，尽管是虚幻的幸福。但是这一点也必须听到：宗教给予了被压迫者声音；它提供了在别处可能什么都不存在的感情和精神。换句话说，宗教不是问题，问题只是在其症状。马克思并不对宗教持特别的敌意。去掉宗教世界而不改变社会的物质条件，那么宗教之外的某种东西迟早也会取代它的位置。

我们从弗洛伊德那里也发现了同样有资格的宗教批判。诚然，弗洛伊德“一生始终都是一个自然无神论者（natural atheist）”[58]——不仅仅他在人格上是一个不信教者，甚而至于，用丹尼尔·帕尔斯（Daniel Pals）的话说，他“发现没有任何理由相信上帝，因此在宗教生活的仪式中看不到任何价值或目的"[59]。像在他之前的费尔巴哈和马克思一样,他并不认为宗教观念来自于上帝,而是相反。基于他的精神分析理论及其在文化生活中的应用,在弗洛伊德看起来似乎明显的是,上帝就是一个人类的投射——或者更为技术性地说,婴儿期精神官能症。就这一点而论,他确信宗教信仰是错误的和迷信的。然而,正如帕尔斯关于弗洛伊德的立场所概述的那样,"它们是有趣的迷信,不过这些迷信提出了有关人性的重要问题。"[60]所以,问题就成了:如果宗教信仰是如此明显的错误——或者更加最低限度地说,如果几乎不存在关于信仰的科学基础或理性基础,那么宗教的力量和持久的吸引力又是从何而来呢?宗教的力量和持久的吸引力,帕尔斯为我们回答道:

> 不在于它们关于神、救世主的教义的真理性中,也不在于它们关于神迹或选民的断言中,或是关于死后生活的希冀中。这些学说都是空洞的,因为它们超出了任何证据的可能性。然而,精神分析科学的概念完全不同。它们以一种非常有趣的方式表明,宗教的真正力量要在它们的学说之外寻找,在它们要满足的深层心理需要中以及它们所表现的无意识情绪中。[61]

伴随这一点,我们拥有唯物主义宗教批判的另一个要素——宗教的力量独立于其真理,而且要在其各种学说之外去寻找。相反,宗教的力量停留于它要满足的心理需要中。宗教继续存在,因为人类是意欲它如此的,希望超越希望它是真的那种想法。宗教是由欲望的能力提供力量的。

我们可以转向弗洛伊德的《幻觉的未来》来看看他对这个主题的成熟的和细致的处理。《幻觉的未来》预见到三年后他在《文明及其不满》中所做的论证,弗洛伊德将其描述为这本书的直接继承者。《幻觉的未来》开始于对人类文明的本质的分析,更具体地说,就是文明中的人类个体的角色。"每个个体",弗洛伊德写道,"实际上都是文明的敌人"。理由是,文明需要"压制和放弃本能"。[62]受到各种禁律的调节和内化,这些本能的牺牲导致受挫和剥夺。所谓剥夺,弗洛伊德考虑的是那种自我异化感,它是由人脱离其原初的动物状况所造成的。这种普遍化的不满感是人类为享用文明所提供的利益和安全而付出的必然代价。在生活、工作、恋爱以及和他人游戏这些方面,我们都视此为值得付出的代价。

然而,通过这种分析,自我被看作就是由这种受挫欲望的感觉所构成。如果这种欲望被禁止追求它所想要的——如果我们的自然本能必定被压制,如果不是一起放弃——那么就必定存在某种替代物。正是在这里,弗洛伊德开始考虑他对文化各方面的分析,马克思将其认作是意识形态上层建筑的表现——例如,观念、艺术创造,而最著名的就是宗教。就像文化的其他方面,宗教也是一种替代性满足,它产生于"如同拥有文明所有其他成就似的同样需要:捍卫自身,反对自然的极其至上力量的必然性。对此,还要再加一个动机——纠正文明缺点的冲动,这一点使他们自己也痛苦地感觉到了"[63]。作为一种替代性满足,宗教坚持对人的理智优越性,它充当"仁慈的天意","出于善意安排万物",承诺死后有来生以及末日审判。这些宗教观念,弗洛伊德告诉我们,"被评价为对文明的最有害的财产,以及它提供给其参与者的最有害的东西。他们比所有从地球赢得财富的工具,或者为人们提供生活资料,或者预防他们的疾病等等这些受到更高的评价。人们觉得,生命不会是可以宽容的,如果他们没有将这些观念系之于他们所要求的那种价值上。"[64]

从这个观点,弗洛伊德得出了他的命题——宗教是一种愿望的实现。技术性地说,这是一种幻觉,也就是说,某种"不易被证明的"东西,因此,"没有任何人能够被迫认为它们是对的,并相信它们"——宗教观念实现了"人类最古老的、最强大的以及最紧迫的愿望。它们的力量的秘密就在于这些愿望的力量"[65]。因此,因为宗教无论如何不能被证明,因为它不是一个真理的问题，所以变成了一个它在社会中是一种积极的力量还是消极的力量这个问题，以及我们和它在一起是更好，所以继续保留这个地位，还是不需要它，然后尝试改进人类文明和生存的命运。弗洛伊德解释说："宗教很明显对人类文明贡献了很多。它在很大程度上导致了对反社会本能的驯服。""但是并不够"。他最后作出结论道。[66]

费尔巴哈、马克思和弗洛伊德所持的相同看法，因此定义了第一波唯物主义宗教批判，就是作为虚假意识的形式的宗教批判。在费尔巴哈那里，通过他把上帝分析为人类的投射，我们在其最基本的表述中发现这一点。当我们谈论上帝的时候，费尔巴哈告诉我们，我们只是在大声地谈论人。问题在于，通过投射最好的东西以及人类朝向上帝时最值得欲求的东西，我们把内在的变成了外在的，因此与我们自身变得异化了。毕竟，在我们当中，谁能够达到上帝的完美标准？然而，上帝准确地说就是我们自己各部分的总和。如果我们在自己制造的上帝中认出我们自己，那么我们就可以学会爱这个生命以及这个世界，就在此时此地。

马克思基本同意这种对宗教的心理学分析，但是他的分析更进一步，就因为他不满足于提供一种对已存宗教观念和概念的解释。首先弄清作为宗教诱惑的基础或原因的物质条件，宗教批判现在可能不仅仅把宗教揭示为一种虚假意识的形式，而且还帮助确立改变这些条件即需要宗教提供的虚幻幸福的可能性。简而言之，费尔巴哈的神学转向人类学变成了马克思的政治行动的基础。和弗洛伊德相似，通过超越把弗洛伊德的宗教批判标准化地解读为寻找一个不会破灭（批判，请注意，可能同时既是还原的又是带优越感的，然而到目前为止又是真的）的父亲形象，我们不仅能够理解他在《幻觉的未来》中构造的反宗教论证的细微差别，而且将其认作是真正的战斗号令。宗教已经成了实际损害人类发展和道德成熟的精神寄托。它必须被拒绝，倒不是因为它是虚假的，而是因为它懒惰，是对我们要使这个世界成为它之所是的责任的逃避。

但是，沿着这条发展唯物主义宗教批判的道路，存在着某些未经验证的诉求和虚假的选择。在斯拉沃热·齐泽克身上表现得最明显，他对经典唯物主义宗教批判建立于其上的第一前提表示异议，最后得到了一个关于宗教为新唯物主义所扮演的角色的非常不同的评价。如果唯物主义宗教批判开始于费尔巴哈——具体地说，费尔巴哈对黑格尔的唯物主义颠倒，其“目标就是推翻黑格尔主义”——那么，伴随着后现代诋毁者的整个系列，齐泽克对黑格尔的回归和复兴似乎就是一个为他的自我描述的唯物主义神学所做的奇怪选择。[67]但是，就像齐泽克坚持的那样，黑格尔的绝对观念论是宗教唯物主义的重要部分。也正如齐泽克证明的那样，只有黑格尔始终彻底地思考了基督教的道成肉身概念的完整内涵。在这个意义上，黑格尔代表了一种“思想的独一无二维度的突破”，它是以阿兰·巴迪欧(Alan Badiou)的事件，即其继承者必须认真对待的创伤性真理的方式起作用的。[68]通过这种方式，费尔巴哈对黑格尔的唯物主义颠倒的尝试与其说是对黑格尔的抛弃，还不如说它是一个“幻想构成”，不仅重视黑格尔本人，而且也重视“作为‘假装认识一切事物’的荒谬的‘绝对观念论者’的黑格尔的荒谬形象”[69]。

所以，在齐泽克对黑格尔的捍卫中，为了最终的唯物主义宗教批判，我们返回到那种唯物主义的基础，而这样做，我们就是在为新唯物主义寻找自己的基础。宗教的唯物主义表现不再必须用唯一的批判语言来表达了。事实上，伴随着新唯物主义，宗教可能成为授权(empowerment)和政治动员(political mobilization)的来源。正是通过这种方式，弗洛伊德关于宗教的未来和人类进步的前景之非此即彼的选择被揭示为错误的。问题不在于，我们是否保留宗教，由此维持现状，或者作为选择，废除宗教，由此提供动机最终将我们从泥沼中解救出来。这在两方面都是错误的选择。一方面，它把宗教看作是静态的和一律的，破坏了唯物主义宗教批判的原始基础,这一批判开始于黑格尔将宗教置于历史中的做法。相反,假使宗教有能力颠覆现状,那么又将如何呢?宗教实际上以何种方式来充当改变的来源?另一方面,虽然"对宗教的批判是一切其他批判的前提",但是通过去掉宗教的精神支柱,没有任何东西可以保证理性和经验会取代其位置。通过这种方式,弗洛伊德对科学最终胜利的极端自信被揭示为一种信仰(考虑一下他帮助建立的心理学科学路线)。[70]当弗洛伊德在《幻觉的未来》的最后一章写道:"从长远来看,没有任何东西能够抵挡理性和经验,宗教提供给二者的矛盾实在是太明显了",最终,"纯化的宗教观念……也会丧失对人类兴趣的吸引力"[71],这种情感正在日益变得更难保持了。作为一种世俗主义假设的表达,它已经证明是昨天关于未来的不正确看法。

因此,经由齐泽克返回到黑格尔,我们所拥有的就是一种承诺具有颠倒主导性权力结构的能力的唯物主义神学。革命的潜力不是通过从世界中去掉宗教,而是通过以不同的方式思考宗教来发现的。例如,道成肉身的意义并没有被赎罪的审判——刑罚逻辑所耗尽。上帝变成人这一点承诺的要比仅仅宽恕原罪多得多。换种说法,基督教的道成肉身概念与其说是救世论的,还不如说是物质性的。正如齐泽克解释的那样:

道成肉身是基督的出生,在他死后,既不存在圣父也不存在圣子,而"只有"圣灵,宗教共同体的精神实体。只有在这种意义上,圣灵才是圣父和圣子的"综合",才是实体和主体的综合:基督代表的是否定性的缺口,代表的是主体性的单一性,在圣灵中,作为单一主体的实质共同体,实体得以"重生",同时只有在并且通过他们的活动继续存在。[72]

道成肉身所教导的,不仅是上帝变成了人,而且上帝还在世界中生成以及属于这个世界，由此神学不仅变成了人类学的（费尔巴哈），而且变成了政治的。借用吉奥乔·阿甘本（Giorgio Agamben）的短语，用基督关于圣灵的承诺，他将教会设立和合法化为一个“即将到来的共同体”。[73]

通过成为人，基督上帝之死就是不可避免的。通过真正思考上帝被变成人意味着什么，基督教神学的激进唯物主义基础就被揭露无遗了。“当人们想象所有儿童都具有深刻的意义时，因为他们‘害怕四个词’：他变成人。”齐泽克写道，引导他的宗教冥思，然而同时又是对它的激进化，切斯特顿（G. K. Chesterton）：

真正使他们害怕的是，他们将丧失那个保证宇宙意义的超验上帝，作为在幕后操纵的隐秘主人的上帝——取而代之的是，我们得到一个抛弃了这种超验立场以及将自身投入到自我创造之中的上帝，他完全致力于这件事一直到将死，所以没有给我们，人类，留下监视我们的更高能力，而只留下因为神创世界这一命运而带来的自由和责任的可怕重负，因此也是上帝自身的重负。[74]

这就是新唯物主义对标准唯物主义宗教批判的重塑。为了回应费尔巴哈将上帝最初解释为人类的投射，齐泽克写道：“不是上帝诞生——创造——人，也不是仅仅通过人以及在人身上，上帝完全变成了上帝；更为彻底的是，正是人自身诞生了上帝，上帝不是外在于人的任何东西……在这个深渊里，上帝和人之间的差别被消灭抹去了。”[75]为了回应尼采关于上帝之死的宣告，齐泽克写道：“道成肉身的意义在于，一个人不可能成为上帝——不是因为上帝居于一个超验性的超越中，而是因为上帝死了，所以接近超验上帝的整个观念都变得不相干了。”[76]正如和费尔巴哈、马克思和弗洛伊德一样，齐泽克把宗教用作达到目的的手段。

但是这样做时，他并没有考虑要摒弃宗教。虽然宗教可能是一种虚假意识的形式，正如齐泽克表明的那样，但是没有任何意识至少在某种意义上不是被发明的或投射的。

正是在这里，我们发现了齐泽克对宗教的最重要的分析——具体地说，在他名之为“信念的拜物教式否定”(fetishist disavow of belief)中。也许，这在齐泽克喜欢讲的获得诺贝尔奖的物理学家尼尔斯·玻尔(Niles Bohr)的轶事中解释得最好：一次，当一个客人在玻尔的家中拜访他时，这个客人对房门上悬挂着一个马掌感到奇怪。这在当时是一个很普遍的带来好运的实际想法，但是这个客人认为迷信不适于一个世界闻名的量子力学专家。当这个客人对这个马掌的效用表示怀疑时，玻尔反驳道“我也不相信它；我把它放在那里，是因为人家告诉我，即使有人不相信它，它也照样起作用！”“这个悖论所表明的是，”齐泽克解释说，“一个信念就是一种反思态度的方式：它决不是一种简单相信的情况——一个人必须相信信念自身。”[77]这种拜物教式否定的结构不仅在和宗教信念有关时起作用，而且在和人类文明的所有方面有关时也起作用。和弗洛伊德正当地确认和分析为导致文明的异化与不满的私有化一样，齐泽克称赞“象征小说的效能”以及“这种小说构造我们实在经验的方式”。举一个恰当的例子，当谈到和我们的邻人的亲密关系，一种可能容易感到窒息和招致轻蔑的不自然的亲密时，齐泽克写道：“我们表现得好像我们不知道他们也感觉不舒服，偷偷地大便，如此等等——一种最低程度的理想化，拜物教式否认是我们共存的基础。”[78]

宗教也是一样：将新唯物主义对宗教的理解与基础主义和犬儒主义之类分离开来的是其对这种否认的理解。“一个基础主义者并不认为他直接知道。”齐泽克坚持说。[79]犬儒主义者也相似。他们无批判地接受基础主义者的预设，即“宗教命题是准经验主义的直接知识命题”。根据齐泽克的分析，对于二者来说，“相信这个术语的恰当含义的能力是有损失的”,因为“对他们来说,那个仍然不可思想的东西是‘荒谬的’决断行为,它安装在每一个真正的信念中,这个决断不可能基于‘理性’的链条,实证的知识”[80]。通过这种方式,新唯物主义对宗教的理解可以被描述为一种“真诚的虚伪”,或“真诚地撒谎”的形式。齐泽克一度将这种间接的信念形式概括为“匿名戒酒协会遇到了帕斯卡:假装行,直到你真的能行”[81]。通过假装相信,通过你仿佛相信的那样生活,我们并不是在赌那个永恒的承诺,那个双赢的命题,帕斯卡的赌注正是借此被描述从而证明信念的合理性。反而,通过讨论那些提议,通过实践别人为我们规定的宗教仪式,我们并没有以某种方式获得更为可靠的信念;相反,我们摆脱了或超越了我们的信念,获得了必要的距离,矫正我们的过度接近,由此认识到宗教信仰本身。用齐泽克的话说,“你相信得太多了吗,太直接了吗?……那么就跪下,照你相信的那样行动,这样你就会摆脱信念——你不再必须相信你自己,你的信念将早已在你的客观化的祈祷行为中存在了。”[82]

这种对宗教信念的本质的更为反讽式(这一点不要和犬儒主义相混淆)的理解最生动地显示在西藏祈祷轮(Tibetan prayer wheel)中,这一述评是齐泽克在《意识形态的崇高客体》[83]中首先提出来的。伴随着祈祷轮,一个祈祷首先被写下来——逐字刻下,然而做成物质的。然而,它被置于一个旋转的鼓中——因此被做成外部的,并且成为机械的。旋转的鼓于是就自动地转动。按照这种方式,正是这个轮子在做着祈祷。宗教仪式被揭示为一种物质的实践,而宗教信仰则被表明是外在的。这种仪式与电视情景喜剧中录了音的笑声没什么不同。就像齐泽克考察的,这里的观念是,不像平常所想的那样,录了音的笑声不是让观众去笑的提示,而是处在观众的位置实际地发笑。电视为我们发笑。甚至我们认为也许是我们最自发的和最自然的情感也被机械化和外在化了。简而言之,回到由经典唯物主义宗教批判所提供的,而我们名之为未经检验的论断和错误选择的东西，在这种程度上即宗教批判围绕着宗教是一种虚假意识的形式这种共同的观念而得以巩固，齐泽克实际上所做的就是将那种批判转变为一种可能的德性。从新唯物主义的角度看，宗教不仅被授予特权作为所有批判的前提，而且它还将否认的恰当结构揭示为最好的。是的，宗教是一种虚假意识的形式。但是所有的意识都是一种虚假意识的形式。剥去我们的所有幻觉和虚假保证，暴露无遗的不是我们的内在的、真实的自我，而是一个完全丧失超验性保证提供保护的纯粹虚空。

因此，虽然齐泽克是一个彻底的唯物主义者，但是正是新唯物主义没有抛弃宗教，而是使之激进化了。正如克莱斯顿·戴维斯（Creston Davis）在将齐泽克的唯物主义神学和激进的正统神学家约翰·米尔班克（John Milbank）进行比较时所解释的那样：

> 差别就是，齐泽克无保留地采取了上帝的启示行为——启示意味着绝对的神性放弃，此后超验性就到达了完全缺乏超验性保证提供保护的物质世界的心脏……所以，要冒一下这个命题的危险：对于米尔班克来说，通过打开一条超越物质领域而进入上帝的无限生命之超越之路，上帝的道成肉身行为就将自己从世界中拯救了出来，而对于齐泽克来说，这个拯救事件象征着一种彻底的实在，甚至是克尔凯郭尔式的，无须保证的信仰的跳跃——深渊打开，容许拥有真实的然而又令人恐惧的自由的生命坐标，对上帝和人都是一样。[84]

稍微转移一下记录，当我们比较其他两位宗教哲学家约翰·卡普托（John Caputo）和理查德·凯尔尼（Richard Kearney）的著作时，可以看到一个相似的比较点。在一个从《交叉和非位置》（*Cross and Khora*）论文集的非常有趣的交换中，卡普托和凯尔尼都表达了对另一人著作的欣赏和同情，同时也寻求区分他们的主要观点差异。凯尔尼一开始就把卡普托视为他的一个最亲密的理智同事，并且承认“卡普托和我追求的王国是相似的如果不是实际相同的话——一个关于爱、同情和正义的王国”。尽管如此，值得赞扬的是，虽然在两位思想家之间存在着这种根本的同情，但是凯尔尼能够在他们的著作中建立一种重要的不同之处——这个不同可能只是一个强调的问题，但是仍然有助于解释二人各自著作中的不同色调。具体地说，在卡普托谈及“不可能者的王国”处，凯尔尼则说到“可能者的王国”。因此，凯尔尼的著作比卡普托的著作要更多诠释性，而更少解构性，他更多地强调“抛在上帝和人之间的梯子、桥梁和浮舟”，而卡普托的选择则是支持用否定方法所得的不可判定性这些解构主义习语。“或者，用一种更为夸张的比较，”凯尔尼补充道，“末世论的诠释学主张，在(a)玛丽因为上帝之言受孕和(b)《异形复活》中艾伦·雷普利(Ellen Ripley)因外星人受孕之间存在着一种彻底的差异。”[85]卡普托承认这个差异，但是也给它加了重要的警告，“不要错误地认为，一个信仰可免于妖魔，另一个则没有。”没有任何东西——没有任何耶稣或其他任何的信仰，没有任何历史的形而上学，没有任何诗学视域——保护我们免于风险，然后是危险，一个敲我们的门的人开始伤害我们了。换句话说，对于卡普托和齐泽克来说，宗教信仰从根本上是一个有风险的事业。它不仅没有给我们提供关于上帝的保证，他监视着我们或他的善胜过恶，而且甚至更为彻底的是，我们不可能确信我们区分对或错，敌或友的努力——所有这些都切中要点，即我们完全被抛弃了，一个没有上帝保证的世界，它就是——在这一点上，不带讽刺——宗教的承诺。

伴随着这一点，我们于是准备好重新回到马克思和弗洛伊德关于宗教的问题。如果分析的要点不仅是提供一种解释，而且是提供改变的补救，那么我们是有宗教更好还是没有宗教更好呢？或者更好一点儿，和无论是旧的还是新的唯物主义者完全一致，何种宗教，哪一种神学分析最有用于我们彼此的人类利益？然而，真正的惊讶也许就在于，即使伴随着经典唯物主义者，也存在着清楚的暗示，即“将神学神话去神秘化的标准步骤”并没有走足够远。在解释马克思对商品拜物教的分析时，齐泽克表明，虽然人们期望马克思会如何简单地从事一种唯物主义的还原主义形式，来对被认为是奇怪的和复杂的过程加以去神秘化，但是他所做的却相反。马克思并没有从事通常的启蒙运动批判。任务不是让商品思想拥有魔力，并且证明相反它如何只是人与人之间关系的一种物化表达。真正的马克思主义立场是，“你可以认为商品对你来说似乎只是社会关系的体现，但这并不是事物向你真正显示的那样——在你的社会实在中，你目睹这一离奇的事实，即商品真正向你显示为一个拥有特殊能力的神秘对象。”[86]

从这种新唯物主义的视角写作，我们目睹的那些离奇事实会是什么呢？当然，我们必须说宗教是关于金钱的。不过不是当时美国总统候选人巴拉克·奥巴马向一群他的旧金山富有捐款人所建议的那种笨拙的和粗俗的方式，当时他把宗教（注意，与枪支和仇外一起）与经济受挫联系在一起；甚至也不是托马斯·弗兰克（Thomas Frank）在其著作《堪萨斯怎么了》（*What's the Matter with Kansas*）中所暗示的那样，当被宗教权利成功地欺骗时，人们就投票反对他们自己的利益。不是说这些解释中必有其一是错误的。事实上，我们承认它们是其所是，这就是对所谓的文化战争如何重新勾画美国政治版图的分析。直到左派学会如何说信仰的语言和价值的语言时，它将会继续放弃那本应正当地就是其自己的领土和影响。

但是我们必须目睹的顽固的和离奇的事实是，即使在我们追随金钱之后，即使在吉米·斯瓦加特斯、吉米和塔米·费伊·贝克斯、帕特·罗伯森斯、罗，甚至克里奥女士被曝光之后，金钱仍然继续在流动。更有甚者，中伤一个电视福音布道者的金钱（和性）丑闻必须被承认为它们之所是——不是孤立过剩的寂寞假内行，而是数万亿美元媒体工业的不可避免的表现，其中宗教像其他任何东西一样就是一个商品。那么，我们是否应该对此感到奇怪，即作为一个新造的"基督教商人"，泰德·哈戈德(Ted Haggard)——一个遭到唾弃的新生命教会和拥有3亿成员的全美福音派协会前主席的超级明星牧师，曾经吹嘘他每周都有和当时的总统布什的战略会议通话——从性、吸毒和同性卖淫犯罪丑闻中重新回归并复原？[87]一个电视福音布道者沉迷于过度之中，这与下述之事一样没什么可让人吃惊的，即伯尼·麦道夫的庞氏骗局(Bernie Madoff's Ponzi scheme)，或者华尔街内幕知情人的卖空，或者整个银行业创造的复杂金融衍生物体系，其中几乎不可能找到有形资产的路线。

说宗教是关于金钱的，不外是说宗教仍旧是当代生活方式的回声。按照英国宗教哲学家菲利普·古德恰尔德(Philip Goodchild)的观点，1694年英国银行的建立使一种新福音制度化了，它置换了上帝作为现代世界中最高价值的所在。金钱的统治权意味着，今天"没有任何东西比这一点看上去更明显和更不成问题，即时间、关心和奉献应该被分配给财富的追求。正是这样做的义务，构成了金钱的精神力量"[88]。然而，我们的任务不是伤感地想象，我们只能简单地切断宗教和金钱之间的联系，以某种方式从金钱的诱惑和堕落中纯化宗教。毕竟，这将不是别的而只是一种从世界的退避——更不用说，切断这样一种对宗教的启蒙式去神秘化与电视福音布道者的持续吸引力的实在性，关于不断增长的成功福音(prosperity gospel)的大众化的实在性，以及作为基督教西方世界之胜利的自由市场资本主义的不间断庆典的实在性之间的联系。

重复一句，我们有关奥巴马所做的评论以及弗兰克所提供的分析，这个问题并不是说，他们关于宗教如何以政治的方式运作的解释不知怎的都是错误的。更确切地说，当我们说宗教是关于金钱时，我们指的是某种不同的东西，某种沿着圣经学者约翰·多米尼克·克罗桑(John Dominic Crossan)教导我们关于耶稣的真实的、彻底的威胁这些路线。就像雷内·杰拉德(René Girard)一样,克罗桑从非暴力的方面提供了一种对基督教福音的理解。但是和杰拉德不一样,克罗桑并没有以一种胜利的方式单单挑选基督教。相反,甚至在《圣经》自身的字里行间,也存在着一种基于暴力的人类文明的常态,和由基督所体现和代表的非暴力选项之间的方式不可解决的张力。一旦以这些术语来理解,那么《圣经》的读者就开始明白,她/他面临着一个根本的选择,一个甚至《圣经》自身都不可能做出或至少维持的选择——也就是,什么是正义的恰当含义?难道《圣经》只是在重复那种成为我们社会准则的报复正义模式,其中罪和错行受到惩罚,因此正义的天平得以保持平衡?或者,《圣经》发布了一个更为全面、更为彻底的分配正义模式,其中这个问题不是对错行的惩罚,而是平等地、公正地以及合作地分享上帝的善意创世?

克罗桑为后一版本引用了两个关于基督的例子。首先,考虑一下基督让众人吃饱的神迹——克罗桑问道,这个故事实际上是关于什么的?它是关于耶稣无中生有的创造神迹的能力,关于其神圣本质的证言吗?克罗桑说不,尤其是如果我们看一看与《约翰福音》中所讲的故事形成对比的对观福音书(synoptic gospel)的解释。[89]正是在《马太福音》《马可福音》和《路加福音》的对观福音中,我们看到耶稣的门徒走到他跟前请求他遣散众人,“这样他们就可以走进村庄,然后为自己购买食物。”[90]但是,耶稣的回应是他们得给人们吃的东西。于是,克罗桑记录下讲述这个故事行动的四个动词:(1)耶稣拿取五块面包和两条鱼;(2)耶稣分开面包;(3)耶稣降福面包;(4)耶稣分配食物给聚集的众人。简而言之,这不是一个关于乘法的故事,而是关于分配的故事。它是一个重新分配财富的寓言。如果我们只是拿取、分开、降福和分配我们已有的东西,那么要给生命提供物质基础就是绰绰有余的。

第二个例子是一个相关的故事,但是这里和耶稣所做的关系要少于和耶稣所说的以及他所教导的关系。对于克罗桑来说,通常被称为主祷文(Lord's Prayer)的东西是对耶稣教义的完美概括。[91]正是在这里,我们发现了耶稣的表达最完美的分配正义的激进要求,正是这种激进要求,有助于解释为什么耶稣的最终处决可能不是必需的,但非常肯定的是不可避免的。"我们日用的食物,今日赐给我们"——对于克罗桑来说,食物被看作是生命的物质基础,祈祷文的这个要素就是人们的基本饮食应该得到满足的要求。这个祈祷文后面立即跟随的就是这一习语,"宽恕我们自己的债,就像我们宽恕我们的放债人。"对于克罗桑来说,他是历史基督(historical Jesus)方面的专家,非常关心耶稣的话如何会被他的同时代人听到并理解,债务这个术语不应该被精神化为"罪"或者甚至是更加无害的"僭越"。债务的这种精神置换为罪的做法有冒错失耶稣教义的激进经济学内涵的风险。一旦我们理解债务真的意味着债务,就是关于金钱,而且具有真正的经济学内涵,那么我们就要再次回到分配正义模式这个观念,它与这个世界的正常方式完全对立。如果耶稣真的是一个不仅要求提供给生命的基本物质必需品,而且要求复活周年纪念年(the year of jubilee),其中所有的债务奴隶被解放,所有形式的经济奴役被抹除,那么就难怪人们想要他被处死。的确,要是认真对待这个祈祷文,看上去人们就不可能得到任何其他的结论,而不得不说耶稣自己的教义与资本主义的精神相反,以及不相容。

正是通过这种方式,或者按照这种精神,我们坚持认为宗教实际上是关于金钱的。并非仅仅接受对宗教的流行的或继承性的理解,以及询问这个实际的政治问题,即关于宗教如何组织起来达到各种不同的政治目的,我们要求一种更为根本的分析,这种分析将宗教重新加以理论化,而在这么做时,这个分析不仅重新定义了我们关于宗教这个词的意义,而且也提供了重新定位它与生命的政治领域和经济领域的关系。克莱斯顿·戴维斯在《基督的丑陋》(*Monstrosity of Christ*)中也令人信服地表明了这一点，当他把纯血统的好战无神论者齐泽克和无可辩驳的基督教神学家米尔班克放在一起，“彼此围绕着这个革命性的政治问题：神学和物质如何才能结合起来为资本主义虚无主义提供反抗？”[92]

在提出这个问题时，即为发生在齐泽克和米尔班克之间的对话和争议做好准备，戴维斯也指向自己论宗教的结语：“人类是物质的；因此物质世界不可能被一笔勾销转而支持某种向缥缈的超验性的退避。因此，人类繁荣的解释和对资本主义虚无主义的抵抗必定彻底是物质的。”[93]从经典唯物主义宗教批判，我们现在最终达到对宗教的新唯物主义的领会和理解，一个同时少了些轻蔑却更加地彻底，一个在突现的政治神学中最清楚地发现了它的表达，它们结合起来重新思考民主自身的概念基础。

第三章 政治

今天，一个宣言，一个政治话语都应该渴望实现一种斯宾诺莎式的预言功能，一种组织大众的内在欲望的功能。这里并不存在任何最终的决定论或乌托邦：这毋宁是一个激进的反权力，在本体论上它不是建立在任何“虚空的未来”(vide pour le futur)之上，而是建立在大众、其创造、生产和权力的实际活动之上：一种唯物主义神学。

——迈克尔·哈特和安东尼奥·内格里，《大众》

它听起来可能是反直觉的，但是美国真的没有任何政治。有的是剥削、压迫、不平等、暴力，有的是可能存在一个国家的谣言。但是没有任何政治。有的只是政治的相似物。它的最公正的专业人员撕裂影响从而以利于他们自己的利益。

——麦肯齐·沃克

每个民族都得到了它所想象的政治。

——克利福德·吉尔茨

为了从新唯物主义的视角来谈论政治，我们必须坚持政治性（the political）概念和政治本身（politics as such）之间的根本区分。伴随着这个区分而来的是在作为国家形式的政治和属于人民的政治权力之间的另一个区分。在这两种重要区分的情形中，我们首先关心的是二者中的第二个。因此，简而言之，本章将是关于作为政治权力运用的政治，或者生物体的物质转让（material negotiation），其前政治的合作是政治本身的基础。我们的命题是，民主正是政治的那个原则——不是说民主是最不坏的政治体系，或者说民主是首先在亚里士多德的《政治篇》的分类学中定义的众多治理体系之一，而是说只有通过对统治特权或者统治权力的典型的民主拒斥，政治才会因为人民的当权而产生。[94]这种作为民主的政治（politics-as-democracy）观念坚持，人民才是政治的物质生命力，不管他们可能感觉或者可能就是如何异化，如何被剥夺的，如果被剥削的，没有人民的同意——无论是承认还是否认，缄默的还是表达的——没有他们给予生命的力量，这个体系都会枯萎和死去。只有在这种承认里存在着革命的力量。

在这方面，这一事实是完全不着边际的，即没有任何实际存在的民主——雅克·德里达在他的后期著作中经常作出这样的一个评论，在那里他诉诸于那个未来民主（democracy-to-come）的形象。或者也许更好的是，正是这个评论可以说明这一点，因为民主的国家形式是我们在这里所想到的作为民主的政治之外某个别的东西。对于内格里来说，语言不同，但是论证相同。“生命政治的本体论被认为是政治性生产的前条件。”[95]换句话说，在政治以主权形式配置自己之前，在自然秩序作为国家形式固定之前，在代表精英将他们的统治特权编成法典之前，存在着一种只有通过合作才能成功的社会主体。其共同的理智生活、社会生活和经济生活导致了政治性。因此，不管其政治是否最终采取一种民主的或反民主的外形，政治权力的这种民主基础不可能被否认。

何者将内格里引到下面这个问题："这种我们称之为'大众'生命政治(理智的和合作的)群众如何能够施加治理于自身呢?"[96]或者，我们可能简单地问：谁会决定人类的命运? 这是我们的新唯物主义政治的第一个也是最后一个重要问题。我们今天所面对的政治危机是，没有一个人或没有任何东西可以决定。人民被给予了市场力量的对象。市场，虽然指望国家权力来建立对它有利的政策，然而却追随它自己的自我毁灭逻辑，在这里只有少数人受益，但是没有一个人拥有控制的权力。不过，存在着一种历史中的历史，其中现代世界是由民主革命诞生，仍然有待完成。这是我们还有希望的基础。

因此，首先，让我们回到我们在上一章论宗教那里停下的地方。正如我们在经典的唯物主义宗教批判中确定地辨认出一种向新唯物主义的转变一样，我们也能发现一种从世俗政治思维模式到后世俗政治思维模式的转变。用计划的形式提出这个论证：从现代的到后现代的，从国家的到后国家的，从世俗的到后世俗的历史过渡以及文化的和政治的转变——虽然还没有完成，代表着一种戏剧性的变化，结果它需要一种新语言和一种新概念框架。伴随着这种过渡，现代的分权就被边界的普遍化抹除和全球化身份特征的混杂所削弱。这种普遍化趋势的一个结果就是后现代主义向宗教的回归，其中宗教被重新政治化了。如果现代世俗主义需要剥夺——因此，去政治化——宗教，那么后现代主义、后世俗主义需要一种重新政治化。换句话说，存在着一种对内在于任何以及所有宗教构想的固有政治维度的重新理解。明白地讲，后世俗的认同不是社会的宗教水平的尺度或者我们目前时代的宗教水平的尺度；更确切地说，就像一位学者指出的那样，后世俗主义表明了一种关于宗教信念和实践的持久本质的"精神气质的改变"，因此和国家的"世俗主义自我理解"有关。或者，正如亨特·德·弗瑞斯(Hent de Vries)指出的那样，后世俗主义"强调宗教社会角色的改变要比强调对其不同的政府看法和公众看法要少”[97]。

因此，考虑到我们对后世俗主义规定的使用，可以从两个不同的话题来理解。从哲学上说，它利用的是世俗理性统治的当代神学批判，关心的是假定中立的公共领域如何包含和宗教的正当位置和实践的自身意识形态偏见。具体地说，从世俗到后世俗的转变是通过这样一种意识到来的，即宗教被当作是一种个人良心的唯一私事这种期望实际上是现代新教的规范。进一步说，后世俗是一种在当代哲学和文化理论范围内谈论所谓的神学转向。正如约翰·卡普托所主张的那样，如果现代哲学至少能够部分地由启蒙运动的宗教批判来区分的话，那么在其成为这种启蒙运动批判的批判这个意义上，后现代就是后世俗的。用卡普托的话说，当代哲学已经成为后世俗的了，因为它变得“和祛魅者一起被祛魅”，“受到(旧的)启蒙运动的启蒙”，以及“怀疑启蒙运动对宗教的怀疑”[98]。相似地，亨特·德·弗瑞斯把哲学“向宗教的转变”说成是对宗教的还原主义和取消主义态度的一个纠正，这种态度在整个现代都盛行。作为恰当的例子，他引用下面这个对宗教的代表性定义：“‘穿着谎言外衣的真理’(叔本华)，‘伪装成神学的人类学’(费尔巴哈)，‘意识形态和虚假意识’(马克思)，‘儿童期父亲形象’(弗洛伊德)，‘被没有诗学或音乐才能的形而上学家们混淆的无意义的情感表达’(卡尔纳普)，一个‘范畴错误’(赖尔)，一种‘生活形式’(维特根斯坦)，等等。”[99]由于这些对理性的过度信仰，及其随后的不能明白，更不要说理解宗教的语言，所以这种意识形态偏见贯穿了现代时期。

对于德·弗瑞斯来说，事情的赤裸事实是尽管现代世俗化过程，无论是宗教还是神学都顽固地保持像一个创伤——这是为什么我们需要一种新宗教哲学的理由，它超越对抗性关系和相互排斥的逻辑，这种逻辑使得哲学家和神学家分离和不同。虽然他们尝试了，但是哲学家们“证明不能解决(宗教和哲学之间的)争议以及一劳永逸地压制宗教”[100]。

基础主义者可能会说，这并不意味着宗教现在被给予了定论，因为那将等于只是一种从严格的神学到哲学，然后又回到神学的特权的颠倒。不，相反，通过承认宗教之于创伤经验的类似性，这种由德·弗瑞斯提出的新宗教哲学开始于因为语言的清空（emptying of language）和确定性的丧失（其中没有一个词是被给予最终决定权的）之痛那一时刻。但是，同时，“单词宗教和上帝仍然是（或成为）”表达我们的经验从中无处逃避的终极性、不可避免的神秘和悲剧性恐惧这些感觉的“最恰当的名称”[101]（或者干脆就是迄今为止我们所遇到的最好的名称）。“于是，”正如德·弗瑞斯告诉我们的那样，“任务就是领会‘信仰’和‘知识’之间的这种纠缠，但是这样做要‘以不同的方式’。”[102]

转移一下话题，后世俗也可以被政治性地理解为一种关于国家的世俗主义自我理解的根本变化。后世俗的这种意义是由尤金·哈贝马斯在最近的一场演讲中给出表达的，当时他在提到约翰·罗尔斯和查尔斯·泰勒的著作时提到：

> 虽然国家权力的世俗主义化以对相互矛盾的世界观的中立方式使得政治宪法成为必然，但是宪法自身不应该忽视市民社会中的宗教群体对民主过程所做的贡献。由此可以得出结论，甚至民主共同体的集体自我理解也不可能保持不受多元主义世界观范围内的宗教要素的影响。移入市民社会的政治仍然是宗教的参考，无论怎样间接，只要宗教公民和非宗教公民就以这种身份相互尊重，并且作为后世俗的同时代人相互信任。[103]

换句话说，虽然政教分离的政治承诺原封未变，但是这不应该被天真地理解为宗教和政治的彻底分离。宗教能够，已经以及应该在塑造公共舆论、决定公共政策、动员选民等方面扮演角色。随着对公共领域中宗教的恰当角色的后世俗重新配置，宗教和政治是否混合不再是一个问题，而是如何混合的问题。

一方面，宗教和政治的这种混合，就像在抗议被提议作为纽约市社区活动中心的所谓零点位置清真寺（Ground Zero mosque）这一案例中，可能采取一种恐外的和进攻性的形式，它任性地和幼稚地无视宪法。或者，另一方面，正如2009年6月伊朗反对有争议的总统选举结果以及土耳其和埃及成功推翻独裁制度，这种宗教和政治的混合可能采取一种草根的形式，一种反对独裁神权政体（authoritarian theocratic regime）的民主造反。回顾伊朗的特殊情形，大体上说，街头的那些抗议者并不是拒绝伊朗的宗教理想，而只是这个统治的政权没有达到那些伪称的理想的失败。当穆萨维的支持者喊出"真主伟大"时，它明显不是拒绝作为伊斯兰共和国的伊朗的基础，拒绝支持西方改革的声音，或者对伊斯兰法官控制权力的世俗反应。就像齐泽克写的那样，"与夜晚黑暗的德黑兰屋顶共鸣的穆萨维的支持者采用的绿色，'真主伟大'的喊叫"，都清楚地表明他们将其活动看作是1979年霍梅尼革命的重演，看作是对其根基的重返，对革命后来腐败的取消。齐泽克继续说："我们正在解决受骗的霍梅尼革命党人带来的真正的人民起义。"[104]当艾哈迈迪·内贾德政权试图取消作为西方支持的阴谋的抗议时，他的取消行为自身在讥笑中被取消了。事实是，沿着"伊斯兰强硬派和亲西方自由改革派的抗议"[105]地图不仅不再有意义，而且它也不再为伊朗国内政治消耗而工作。发生在伊朗边境的事情明显地不是文明的冲突——一个伊斯兰保护自己反对西方侵犯的案例，而是伊朗政府自身政治权威和合法性的危机。

同样，沿着宗教对世俗这条轴线的抗议的映射不再起作用了。如果福柯不名誉地把1979年伊朗政治伊斯兰（political Islam）的削弱与后世俗政治形式的开始联系在一起，那么只有现在伊朗的后世俗政治革命才能够摆脱其自身的桎梏，这就是反对西方标准的对国家的世俗主义自我理解的被动性故作姿态，因为只有现在世俗标准才放弃了其对政治理论家们和政治家们的政治想象力之类东西的控制。正是在这个方面，土耳其这个国家越来越献上它自己以作为可行形式的伊斯兰政治的旗手(standard-bearer)，作为伊朗或沙特阿拉伯自封的纯粹主义伊斯兰国家以及其自身的军事世俗化的过去，作为《纽约时报》的一个标题解读的，"土耳其提供自身作为答案"以回答"中东剧变之谜"。[106]正如土耳其和埃及的独裁政权的推翻，所以土耳其在塑造中东宗教政治方面的声望崛起证明了，著名的战斗不再是发生在伊斯兰主义者和世俗主义者之间，而是在穆斯林他们自己之间。再次引用一下《纽约时报》，我们目睹的是"一个新(后伊斯兰的)类型的产生于伊斯兰背景但是接受了本质上是世俗国家的政治家"。这种"后伊斯兰主义""在深层意义上仍然是宗教性的，但是却在一个被假设为保护自由的体系之中运作"。正是"选举驱动的演变"证明比基地组织的宏大设计在政治上更加有力。[107]

诚然我们已表达的观点就是，这些事件所代表的无异于一场政治革命。阿拉伯之春颠倒了几十年的假定。它不仅是我们关于后世俗之含义的例子，而且也是后伊斯兰主义的，以及也许是最难以理解的东西，即后美国世界的预兆。正如美国国务卿希拉里·罗德姆·克林顿说的那样，阿拉伯国家的觉醒"扫除了许多旧的先入之见"，关于美国在该地区的影响力的假设就是其中重要一条。

这是在窃取命题，因为既然后世俗表明关于宗教信仰和实践的持久本质的精神气质的改变，因此也是和有关国家的世俗主义自我理解方面的改变，那么宗教将如何有助于制造更为民主的政治呢？在何种程度上，一种可替代的政治神学才会辅助以及有助于完成发展当代民主理论和实践的新概念基础工作？

在问这些问题时，我们是在阐明和强化我们在本章以其开始的这两个区分中的第二个，即存在着作为国家形式的政治和属于人民的政治权力之间的差别。在确认宗教和政治之间恰当关系的后世俗重新配置，我们的例子涉及这个区分的两个方面，但是出于我们的目的，必须强调这第二个方面。那是因为，从新唯物主义的视角来看，国家权力是一种派生的权力。回忆一下，伴随着我们对从世俗到后世俗这个转变的概要式介绍，我们表明宗教的私有化——它符合现代世俗标准，如何在实际上就是一种宗教的去政治化，相关地，通过其对所有形式宗教的内在政治本质的承认，后世俗因此如何被理解为一种宗教的重新政治化。我们必须给它加上的是，现代的去政治化过程并没有，过去也没有，随宗教一道停止。现代民主国家差不多成为一个管制经济国家（managed economic state），在很大程度上是因为放弃其政治权力给一个代表机构的公民。这就是为什么许多人将困扰现代政治的问题等同于被叫作后政治条件的东西，人民的自然政治权力实际上借此就被中性化了。[108]

因此，继续再说，存在着对国家的世俗主义自我理解的改变这一事实让位于更大的宗教自由和更多的宗教表达，但是这并不是国家宽宏大量的后果。正如国家无权对良心的隐私提出要求，所以它也必须适应其人民的变化着的奇思怪想和/或不可动摇的信念。宗教信仰和实践预示了投票偏好，这是一回事，而当选的官员和政治职位的候选人会迎合某些宗教群体或原因或与之联盟，这是另一回事。但是我们的观点仍然是某个别的东西。整个社会的带状区域很可能内化了关于禁止的现代自由规范，或者至少剥夺了所有形式的公共宗教表达，认为宗教只是一种个体良心的私事。毕竟，礼貌需要避免所有关于宗教和政治的谈论。国家很可能欢迎其公民的这种自发的自我中立化（self-neutralization）。但是，即使如此，它也是人民提出异议的权利，如果不是抵抗的权利的话。国家的权力是一种派生的权力，这意味着其权力的来源在于别处。当然，留心的读者会感觉到我们这里所依赖的是安东尼奥·内格里著作。内格里关心“政治生产的前条件”。就内格里来说，这种前条件是由社会主体通过合作建立起来的。换句话说，政治权力有一个民主的基础。对于内格里来说，这种洞见是他早期接触斯宾诺莎著作的结果，在这里他认识到 potentia（创造的、进化的能力）和 potestas（主权权力）之间的区别。

对我们来说，把我们的政治努力集中在和 potestas 截然相反的 potentia 上会意味着什么呢？至少，它将意味着我们不要让自己被骗认为一个国家会将民主安装到另一个国家；民主决不会通过枪杆子而得以扩展。但是更为根本的是，它将再次帮助我们把自己认作是具有原动力的政治代理人。它会将我们从驯服中唤醒。就像杰森·里德（Jason Read）暗示的那样，这可能是一种造反政治（insurrectionist politics），一种由公民采取占据的形式重申公共空间的造反政治：

这种跨个体的关系因此总是处于流动之中，不仅在个体与集体之间，而且也在其作为宪定权（constituted power）的角色，作为国家权威基础的功能与其制宪权（constituent），或者造反的维度——它宣称有争夺权力和将新结构加以合法化的权利。在占据的情形中，我们看到公民的诉求不仅作为一种造反，作为反抗的权利，而且是一个把人民意志称作权威来源，反对代表以及公司与金钱对政治过程的颠倒，反对公民的公民团结起来。[109]

这种对 potentia 的革命能力的解读是对通常政治分析的戏剧性颠覆。单独举下面这些从过去十年而来的例子。伴随着乔治·W·布什的大选和重新当选，许多评论家们认为这是美国文化版图中保守主义取得终极胜利的迹象；这个国家不仅从政治上偏向右派，而且这些选举胜利会给那些使得共和党成为下一代美国政策中的永恒大多数的政策提供平台。然而，不久之后，布什总统使社会安全私有化的假定授权（presumed mandate）就将他的自由方案在全球范围扩展开来，而安全的综合的移民改革使他变成了一个跛脚总统，作为缩水的和无关紧要的人物等待最后几个月，甚至他的第二个任期的几年结束。这一现实最好地捕获在布什的这个影像中，即在作为总统去伊拉克的最后之行中，他勉强地躲避一位不满的伊拉克记者朝他扔去的两只鞋子。

虽然许多人把布什的失败解释为在一个明显有抱负的政策议程问题上的教训，但是经常错过的是被解释为布什失败原因的同一个抱负也是他大选成功的来源。在文化保守主义者从边缘走向美国文化生活和政治权力中心方面，布什的当选是长达一代人战略的顶点。他的胜利不是普遍国家意志的反映，而是对宗教保守主义者进行联合的熟练动员。他们赢得胜利，不是通过他们的大多数地位，而是通过他们的热情和优秀组织。这是对政治意志的最好运用，即联合的投票者构成全部人口中仅仅45%的比例，然而却在短时间内按照自己的形象再造了这个国家。布什的天才——这是他的政治专家卡尔·罗夫(Carl Rove)的公认的和非常著名的战略——总是一种多数加一(a majority plus one)的不留情面的计算结果。没有任何必要，也无需任何真正的尝试来争取(win over)整个的美国公众。相反，它们的实现就是，全国大选可以简单地通过充分刺激国家的福音派教徒投票来获胜。这里的要点是，布什的大选成功——虽然确实不是他的总统任期，而这是一个世界仍然受其不好影响的尚未缓和的灾难——是我们把政治强调为当权(coming to power)的一个典型例子，即前政治的物质力量，它只是第二位地或在派生的意义上关心作为国家形式的政治。换句话说，一个少数群体能够夺得国家职位的权力，这例证了一个被动员的政治意志的能力和潜力。如果这是用一种多数加一的心态获得的，那么想象一下还有多少能被99%的占有者所获得呢？

相似地，考虑一下所谓的西方与伊斯兰之间的文明冲突。随着2001年9月11日发动的对世贸中心大厦和五角大楼的攻击，整个国际关系理论都必须加以重新思考。正如弗朗西斯·福山(Francis Fukuyama)指出的那样，“在国际关系中，一个相对小的和弱的非国家组织能造成灾难性破坏的可能性是某种真正的新东西，它构成一个前所未有的安全挑战。”[110]而它构成一个前所未有的挑战的理由是，因为现代国家在保证——既是意识形态上的，也是实践上的——对暴力的垄断上的成功。在造成的灾难性破坏中没有任何新东西——此前，建筑物被轰炸，城市被摧毁，无辜的平民被杀死。新的或不同的东西是，这种大规模的破坏不是国家对国家暴力的后果，而是非对称战争的案例，是没有国家制裁的非国家行为者的后果。再者，我们被迫要面对作为国家形式的政治和人民权力的政治之间的这个区分。强加于我们的“9·11”问题不仅仅是谁有权力决定（人类的命运），而且也是这一点的重要部分，即谁有权力杀人？

福山在他对美国领导的“反恐战争”的分析中接着说，“9·11”揭示的真正问题是“去疆域化的”伊斯兰的现实，“在这里个别的伊斯兰发现他们自己从真正的地方传统中被切断了，经常是非穆斯林土地上的一个低植根的(subrooted)少数派。”福山认为，“圣战主义的意识形态不是企图恢复一种真正的早期形式的伊斯兰，而毋宁是尝试创造一种新的、普世主义的学说，这种学说可能会成为现代的、全球化的、多元文化的世界语境中的同一性的来源。”[111]在这个意义上，穆斯林极端主义不是别的而就是对这种同一性的非法追求，借助它民主和文化同化不可能是解决方案，因为这些正是要开始的异化的来源。用福山的话说，“9·11”马德里、阿姆斯特丹和伦敦的攻击者都生活在现代民主社会中，这证明“他们发现恰好是他们生活于其中的现代民主社会正在异化”[112]。这是一种宿命论的逻辑，它会导致这样一种结论，即面对这种威胁能够做的并不多，除了杀死或者囚禁尽可能多的这些去疆域化的穆斯林和准威胁（因此福山早期突出地支持美国领导的对伊拉克的先发制人打击），或者当伊斯兰沿着和作为新教改革后果的西方世界所承受的革命骚动这一相同模式而找到通往现代改革之路时，简单地经受风浪（因此福山后来抛弃了伊拉克崩溃之后的新保守主义遗产）。

去疆域化伊斯兰的现实是，一群未被同化的和不可同化的穆斯林不仅感到被连根拔起以及被切断了与他们的文化传统的联系，而且没有任何声音或权力。再者，必须被问及的恰当的政治问题是谁决定。当这个答案是没有任何人或者没有任何东西时，那么这就是政治本身被交让给国家的最为确定无疑的迹象。福山的分析与我们的分析明显不同的地方是，尽管有这许多的迹象表明国家没有能力管理那些经常是其自己一手造成的各种不同的危机——例如外国占领、全球经济崩溃、存在漏洞的边界以及全部的非法劳动力——然而在防御方面他仍然是坚定的，而我们同意内格里在他与迈克尔·哈特的合著中提供的那种情感，即这些各自不同的危机是一个新帝国时代的迹象，它需要沿着较少由民族国家的主权而更多由自由流动的全球资本决定的后民族地位从而对政治主权的本质作一个彻底的再思考。[113]

所有这些使我们重新回到由斯宾诺莎提供的那个区分，后又被内格里在他的关于大众的potentia与国家的potestas的著作《野蛮的反常》（*The Savage Anomaly*）所利用。[114]在其未完成的《政治论文集》中，斯宾诺莎将主权定义为公共的"权利，它又由人民的权力所定义……为任何负责国家事务的人所绝对占有"[115]。如果这种权力"属于由一般的人民所组成的委员会，那么这个国家就被称为民主政体"[116]。所以，公平地说，斯宾诺莎提供了一种把主权看作人民权力的理解，这种人民的权力等同于代议制民主中的现代国家形式。然而，即使如此，正如内格里主张的那样，依旧存在着斯宾诺莎思想的某种反常的、不可同化的方面，或者和现代自由国家有关的"野蛮"，因为对于斯宾诺莎来说，真正的政治权力更直接地通过大众的potentia来运作，而不是间接地在议会理事会中被夺取到。

就像罗科·甘葛（Rocco Gangle）在论《主权和国家形式》的文章中所提示的那样，斯宾诺莎为思考超越现代民族国家的主权和民主提供了资源。简而言之,民主形式的内在权力可能与现代国家的具体形式相分离。甘葛声称,“我们必须找到一种方法来区分作为实践一般形式的民主和作为民族国家种类的民主。”[117]这一点如此重要的理由是因为通过区分就人民的权力而言的民主实践与作为代议制国家形式的民主有助于在今天这个后世俗时代中重塑斯宾诺莎的当代意义。也就是说,作为对宗教独裁的解毒剂和对宗教狂热的抑制,虽然斯宾诺莎本人是现代世俗国家的不加掩饰的支持者,但是正是他的作为政治权力内在形式的民主概念仍然具有革命性的潜力。

在这一点上应该明白的是,我们的政治概念是某种与施密特的政治概念完全不同的东西。后者目前无论在右派那里还是在左派那里都很流行。在右派这里,卡尔·施密特的政治概念和新保守主义关于控制的意识形态完美地结合在一起。在左派那里,施密特对自由主义危机的分析被看作是有先见之明,虽然他对法西斯主义的信奉被全面摒弃了。

对于施密特来说,在两次世界大战期间的魏玛共和国之中的政治危机不仅是对其自身宪法体系的局限性的证明,而且更一般地说,也是对由自由主义自身的本质所招致的危机的证明。假如这样的话,这个解答就不需要对一个残破的体系进行修补,而毋宁是,借用齐泽克的话说,“这个伤口只有通过那个攻击了你的矛来治愈。”[118]换句话说,施密特对自由主义危机的回答——他将之既看作是政治合法化的危机又看作是政治中立化或去政治化的问题——不是要求和平、宽容和尊重个体自由,而是出于自身目的对根据敌/友区分政治的根本概念化的加速。施密特强调和强化了敌意政治以作为政治概念的本质。简单地说,只有通过将自由主义一劳永逸地置于死地,一种恰当的政治才有可能被恢复。

这表明,正是为了它的存在,施密特对政治的解释才如何地需要一种敌意——事实上的,任何敌人。在没有敌人的地方,也必须创造出敌人来,因为没有敌人,政治的本质和紧迫性就会消解。就是通过这种有悖常理的逻辑，或者德里达将之视为一种“反对政治自身的政治犯罪”[119]的东西，一种特殊的政治体制才与这些既定的利益攸关，即产生或至少确认其敌人，给恐惧的火焰添把火，以便巩固其权力并将其统治永恒化。相应地，看不见，或者甚至更糟糕，和一个人的敌人讲和是最坏的恶。就像德里达写的那样：

根据这种假设，失去敌人可能不一定必然是进步、和解或一个和平和人类友爱(fraternity)的开端。它可能会更糟：一种未曾听闻的暴力，那种怨恨的恶是既不知尺度也不识理由，一种释放的、与其前所未有的形式不可通约的东西，因此也是骇人的形式；一种面对被称为敌意、战争、冲突、憎恨、残忍，甚至是仇恨这些东西的暴力，将会重获安心的、最终是缓和的轮廓，因为他们会是可确认的。[120]

继续德里达的批判，施密特成了他自己的“无法和解逻辑”(implacable logic)的牺牲品。用德里达的话说，它是一种“绝对敌意的无法和解逻辑”[121]——无法和解，而且是施密特自己人为强加并坚持的一种逻辑。它将自己表现为通过司法必然性的一种程序，但是更可贵的是，它是一个自我实现的预言：通过用敌人来定义政治，一种敌意政治就成了必然的结果。没有其他任何方法，人们能够借以恰当地理解政治的概念。同时，就像德里达注意到的那样，通过将政治脱到只剩下敌/友区分这个赤裸的本质，它要说的是，我们被留在“某个沙漠”，“看不到一个女人”。诚然，作为一个适合的政治领域，它是一个“栖居的沙漠，……一些人可能甚至会说到一个满是人的沙漠”。是的，但是男人、男人和更多的男人，几个世纪的战争、服装、帽子、制服、牧师长袍、武士、上校、将军、游击队员、战略家、政治家、教授、神学家。你将徒劳地寻找一个女人的身影……以及一丁点儿的性别差异。[122]

只有超越因为这种“性别差异的阳具中心主义中立化”[123](phallogocentric neutralization of sexual difference)而对施密特所作的标准的女性主义批判，以及追寻施密特自己的逻辑，这种缺乏——不管是由于忽视还是由于故意禁止——都直指神学-政治的核心，而将我们留在决定之时。按照德里达的分析，要么我们接受施密特对作为内在地是男性气质的政治的分析——“承认事实上政治是这种阳具中心主义”；要么我们就参加对政治自身的概念的解构——用德里达的话说，我们致力于“友爱权威的去自然化”[124]。这种承诺就是解构的要求和德里达称之为“友爱的政治”的基础。就此而论，德里达告诉我们，“未来民主的要求也就是使得这样一种解构成为可能的东西”[125]。

换句话说，它不是一个在政治和(施密特可能会说的)无关政治的中性化或政治中性化之间的选择。而毋宁说，存在着相匹敌的政治概念，每一个都政治化和性别化了。进一步讲，虽然对于施密特本人的自我理解来说，他被解读为一个法学家而不是一个神学家这一点很重要，但是可以说，也的确曾这么说，他首要地是一个神学家，他对政治神学的系统阐述不仅给予神学凌驾于政治的优先性，以作为历史先行者和类似物的意义，而且给予显示在他自己的政治方案中的偏爱以许可证。因此，当施密特叫喊“我是一个法学家，而不是一个神学家”时，似乎是德里达在情不自禁。“哦，真的吗？”他问道。

至于他拒绝成为一个神学家，人们想知道谁说过——经常以如此有说服力的方式——所有现代国家理论的概念都是世俗化的神学概念，而且人们必须从神学开始，如果人们要理解它们的话，如果人们要理解决断、例外和主权的概念的话。当他说他是一个“法学家”，而不是一个“神学家”时，这个人玩的是什么游戏呢？他不应该成为第一个嘲笑这个区分的人吗？[126]

当然，这些是施密特本人的话，在德里达的批判中也有反响。就其本身而言，它阐明了施密特灵魂的冲突本质，这也为陷入政治权力和种族灭绝战争的高风险游戏中的一些作为怯懦的乐观主义者（还有好的理由）以及其他作为高尚哲学家的人所看见。然而，自始至终，他坚定地拒绝否认他的纳粹主义，无论何时他获益，他都非常乐意忽略他认为是希特勒的庸俗和短视的东西。

但是回到神学问题，对于德里达来说，通过阐明其方案的神学本质和神学-生存论本质，施密特玩的这个游戏的意义——借此，他被自己的话所揭发，假装只要其一，同时又令人信服地主张它的对立面——超越了施密特的案例及其对法西斯主义的信奉。作为“关于敌人的思想家，他这个在本世纪将因为使敌人变成他的主题、他的概念、他的剧场而出名的人”剩下这个令人烦恼的认识，即敌人就是他自己。通过用敌人来定义政治，敌人不仅对于恰当的政治概念是必然的，而且也是不可避免的，因为它质疑一个人自己的构成。正是敌人将一个人自己进行审判；正如没有敌人就没有合众国，而没有敌人也就没有自己。自己受惠于敌人。敌人就是一个人自己。就像德里达所写，“只有在质疑自己时，一个人才可以被质疑。敌人就是一个人自己，我自己就是我自己的敌人……因为一个人的敌人恰好就是自己。”[127]

伴随着施密特思想中的这种转变，我们发现自己回到圣奥古斯丁的《忏悔录》中的那个熟悉的神学领域，其中自我变成一个施加于自己的问题和难题，只有通过求助于上帝的神秘才能悖论性地解决。差别就是，对于施密特来说，否认的游戏继续发生；借口则是在神学家和法学家之间的不同是，神学家期望敌人的消灭，而法学家理解政治范围内其真正的必然性和价值。然而，没有什么可能离真理更远的东西。因为在施密特对神学的否认中，他实际上产生了一个敌人，或者至少一个对立，而在那里不需要有一个。这就是他的政治概念或者德里达把它叫作“反对政治自身的政治犯罪”[128]的致命缺陷，因为通过需要一个敌人施密特的政治概念解除了束缚，如果不是制裁的话，一种政治暴力和使得合作——更不用说妥协——成为可能的巩固形式。

因此，和施密特一起，我们只剩下一系列不需要真正选择的非此即彼的决断；因为，用德里达的话说，它是一个“由不需要排除的决断构成”的决断。通过遵循未来民主的要求，一个人开始出发，“超越这种政治（由施密特定义的）而不用停止在那里干预从而去改造它”[129]。超越同时又保持在其中，这是永恒的政治挑战，如德里达所见。从新唯物主义的视角看，这就是政治的任务。它是作为一种内在力量的政治，其中不存在任何我们能够诉诸于它的权威、权力、规范，它们超越了我们所有人都一起处于此的自治统治中。正是我们的这种凝聚性（togetherness）成为政治本身的基础。寻求否认、规避或驯服这种政治民主原则的任何政治概念，任何政体，或者任何政治家都代表了一种反对我们所有人的暴力威胁。对这种暴力威胁的答复就是匹配它的权力，吸引（带有一种激进反权力的表面上的不可逃避性）这样一种政治意志，它建立在那早已使世界运转的实际合作活动的基础之上。

因此，一种新唯物主义的政治将是人民掌握原本就是他们自己的权力。正是这个民主的梦想，我们的人民才可以借以决定我们自己的命运。对于激进民主的和真正唯物主义的人来说什么价值才是可能的？在创造这些价值中，艺术生产是什么角色，又有什么功能？在下一章中，我们将着手处理现代艺术的问题，并努力解决沃特·本雅明称之为“政治美学化”与“美学政治化”之间的张力，在那里我们将提出一种共产主义崇高的幽灵。

第四章 艺 术

（与迈克尔·W·威尔逊合写）

非帝国主义的艺术必定是像数学证明一样严格，像夜晚的埋伏一样意外，以及像星辰一样高尚。

——阿兰·巴迪欧：《论当代艺术的十五条命题》，命题12

艺术现在继续抵抗的背景是一种特殊的社会状态。一个装置、一个活动、一个概念或一个中介印象所能做的就是标记和法律。习俗、尺度、风俗、技术工具和组织工具有关的可能转移或真实转移，这种转移定义了我们如何举止得当与我们如何在一个给定的时间和一个给定的地方可能相关联系。我们在艺术中所寻找的是一种不同的生活方式、一种共存的新机会。

——布里恩·赫尔墨斯：《逃离上位代码：控制社会中的激进艺术》

艺术和宗教都关心意义。然而，两种活动的社会功能在整个现代时期都受到质疑。事实上，现代在很大程度上是由艺术替代宗教来定义的。如果这种替代与资本主义的兴起相一致，那么这就是不是偶然的——在维持社会秩序方面，艺术的功利和美学的范畴才是关键。产生感情（通常沿着强化敬畏感的各种线索）是服务于宗教的艺术的主要功能，之后还将作为一种对资本主义野蛮性的分散和逃离起作用。的确，在人类历史的大部分阶段，宗教和艺术错综复杂地联系在一起。前者的仪式产生了后者的杰作。直到西方人仔细研究这个过程，首先是在希腊，然后是在启蒙时代的欧洲，艺术的范畴才开始出现——从其对宗教的被奴役状态中解放出来，只是为了发现它自己在一个追求权力的宣传能力中运作。艺术，作为一个范畴，同时是自明的，也是难以捉摸的。这个标签既被给予了艺术创作（艺术的对象，名词），又被给予了这个创作行为自身（艺术性）。人们可以产生艺术对象，人们也可以掌握对话艺术。在这两种情形中，我们都面临着一个特殊案例——主体超越日常功利小心地、鼓舞性地、虔诚地从事活动的结果。事实上，艺术的起源可以被追溯到最早时期的人类的生存关切。如果我们所制造的和使用的对象反映了我们的价值，那么旧石器时代的“维纳斯”小雕像的普遍生产——带有夸张的生殖器——似乎表明对生育力或生命的关切——通过符号的创造来表达。艺术（过去）是对死亡焦虑的原始回应。由于其作为过剩活动（surplus activity）的地位，它能够反思死亡。艺术和宗教没有任何共同之处，如果不是对物质上无法证明，但是在生存上的重要表象关切的话。

在西方世界中，直到欧洲启蒙运动，艺术的作用都是服务于宗教，当时哲学家们和科学家们开始把上帝看作是伟大的设计者，他的创世是根据理性的普遍自然法运作的。上帝是艺术家，人类艺术则更只是神圣自然的再生产。然而，在19世纪早期，沿着艺术路线对宗教作美学理解和目的论理解的戏剧性重构开始出现。这个转变是由德国哲学家伊曼纽尔·康德在其《纯粹理性批判》中所带来的。

当他第一次撰写他的巨著《纯粹理性批判》时，康德认为写作一本关于美学判断力或趣味的批判是不可能的。但是在18世纪80年代后期，他获得了突破，这个突破导致他的“趣味批判”，最终是他的《判断力批判》于1790年出版。[130]在《判断力批判》中，康德说合目的性的美，首先就艺术作品而言，其次就自然的美而言，表明作为一个整体的世界的计划或努力，它使自然与自由彼此和谐。“所以，必定存在一个基础，它把构成自然之基础的超感觉物（第一批判的主题）与自由的概念所实际包含的超感觉物（第二批判的主题）统一起来。”当然这并不是直接地，而是通过美学的和目的论判断间接地被给予的。[131]

从根本上说，康德主张，当我们判断一部艺术作品是美的时候，我们不能客观地说它是美的，就像叶子是绿的或者2+2=4一样，但是我们可以肯定，如果使用相同的美的标准，任何理性的观察者都必然会达到同样的结论。使一个作品成为美的部分原因是其整体设计的明证性，康德的工作从艺术作品的设计到艺术家或“艺术天才”的设计，最后从那里又到自然中的类似设计观念。美的艺术作品、艺术天才和自然所共同具有的东西是合目的性或目的本位的行为，除了那个不能证明任何客观性目的本身的行为外。美是由知性和想象力的“自由游戏”所构成，它必然是主观判断，但是它拥有合目的性中的普遍性或可普遍化承诺。正是朝向目的的努力才是重要的，而艺术提供了窥见不同于科学研究的自然合目的性的途径。

康德论美的著作为德国的浪漫主义运动提供了燃料，这个运动坚持表达在艺术作品中的艺术天才来表示自然的天才和它的美，这超出了科学的和哲学的计算。18世纪晚期和19世纪早期，艺术家们和理论家们如弗里德里希·席勒、弗里德里希和奥古斯特·威廉·施莱格尔、约翰·哥特弗雷德·赫德和弗里德里希·施莱尔马赫都参与了这场运动。正如宗教哲学家马克·泰勒（Mark C. Taylor）指出的那样，“在18世纪90年代期间，艺术取代了作为精神性价值的表达和象征的宗教。”[132]

这种对宗教的替代以及在某种程度上对宗教的置换，至少对于一些知识分子来说，有许多不同的艺术内涵。首先，康德的著作，尤其是《纯粹理性批判》，质疑传统的对表象的理解。对康德来说，表象是一个复杂的过程，它包含着由理性指导的或立法的感觉印象和人类理知性范畴的调和。进一步说，19世纪期间视觉表象和听觉表象导致了自然表象的危机和崩溃。艺术作品的崩溃或解体构成了大多数20世纪绘画的特点，包括印象主义、点描绘法、表现主义、立体主义以及抽象表现主义。现代艺术是由表达非表现主义真理的各种途径来定义的。

然而，为了理解现代艺术的这种解体的方面，需要一个除了美之外的范畴。美显示艺术与自然之间的和谐，但是康德在《判断力批判》中试图建立的这种和谐——浪漫主义充分发挥了这一点——在《纯粹理性批判》中被表象的解构严重地折衷化了。同时，在第三批判中还有另一个重要的概念，它对艺术的后来发展极为重要。这就是崇高。当想象力压倒了知性，并且将表象推到其界限，以及超越其界限，从而导致一种迷失方向和否定的合目的性的情感时，崇高就随之发生了。崇高是趣味判断的一种特殊案例，但是和美相比较，和谐处于张力之中，如果不是为想象力要行至无限性的能力所打破的话。同时，在危机的时刻理性介入，将想象力的干扰力量加以限制并重新定向到最终为道德目的的东西，由此它重建了合目的性。

按照康德的观点：

在呈现自然中的崇高时，心灵感到激动，而在对自然中美的事物的审美判断中，心灵则是处于平静的静观。这种激动（尤其是在其开始的时候）可以比作一种振动，也即对同一个客体的快速变化着的排斥和吸引。如果一个事物对于想象力（当它在直观中理解事物时，想象力就被推到这样一种过度）来说是过度的，那么这个事物似乎就是一个深渊，想象力在其中害怕失去其自身。然而，同时，对于理性的超感觉物观念来说，这个相同的事物并不是过度的，而是和理性的法则一致，从而产生想象力的这种努力。[133]

对康德来说，自然的力量导致了崇高的情感——当某个人看到不可思议的力量，比如说瀑布时——然后屈服于想象力的过度力量，试图理解这样一种压倒一切的力量的巨大。对人类的尊严来说，在想象力中所经验到的自然的力是否定的和压倒性的，但是仅仅凭借反思人类理性的能力来思考这样一种力（从一个安全的距离），理性重申自身，将人类的理性提升到自然的力量之上。

同时，康德明白，崇高首先不是一个对象，而是人类精神官能之间的一种关系，正是这种关系可以说是成为大多数现代主义、先锋艺术的特征。拒绝一种简单的和谐，20世纪早中期艺术追随崇高，追求自然表象的崩溃，试用艺术形式和美学形式的极限。但是也存在其他起作用的影响。启蒙运动把科学的支配地位看作是指导原则。科学思想带来了工业革命和大规模的社会秩序的转变，而艺术也开始参与这些为我们带来的从康德到尼采的转变运动。

在说明上帝之死时，尼采解决的不是神圣实体的实际存在，而是社会成员的信仰破产。面对作为社会现象的宗教问题，尼采说："在我看来，宗教本能的确处在强有力的增长过程中——但是它带着深刻的怀疑拒绝这种有神论的满足。"[134]生活在一个沉迷于其历史过往的社会中，尼采宣称这种沉迷是个体成长的一种障碍。这种历史的分析有其根基，这就是由来已久的贵族阶级和平民阶级之间的阶级划分。通过他们所拥有的权力和自主性，前者能够不受惩罚地任意行动。后者则生活在一种相反的状态中，他们不能以相同的方式运用他们的意志。尼采认为，凭借意志自由，贵族能够认识到他的价值，对于平民来说则是相反的情况。出于对其地位的天然憎恨，平民转向基督教（及其对被压迫者的圣洁化）来肯定其价值。通过这种方式，平民借助一个最终会"降罚"压迫者的上帝收获了报复。然而，因为平民不采取任何行动，只是将其痛苦合理化，所以实际上他用意志没有促成任何东西。[135]真正的虔诚在于主动地实现一个人的意志。

这种对生命的肯定或最终的自我克服是这样一种状态，即优秀的人从最根本上用自己置换了上帝。如果一个人主动地意欲权力，那么结果就是自我意识、理解和自我创造的意义。生命中的虚假意义（从传统而来）被那种对真正的人类心理本能及其潜在的终极意义的认可所置换。但是这种终极的意义是美学上的，而不是道德上的。如果“上帝”死了，那么人类被迫要么过一种虚伪的生活，要么为生存创造一种意义。因为人类无论如何都期望这种生活（但是不愿出于恐惧地实现它），所以自我克服的过程必须发生。

欲望是自我克服的美学行为的关键。由于尼采揭示了上层建筑现象——宗教、意识形态、艺术的身体的/物质的起源，所以他认为充分植根于基础的唯一学科就是艺术——因为它是彻底地基于感觉、知觉和身体。艺术既是最高的活动，又是自我克服的典范——成为超人。这个超人获得了一种在阿波罗式的和谐的、合理得到的比例之美与狄奥尼索斯式的消融边界的崇高狂喜之间的动态的张力。像叔本华一样，尼采（在其早期文本中）肯定悲剧艺术形式的优先性。由于其产生崇高经验的能力（其中“摩耶之幕”被扯开，自我和他者的边界消融），这种形式被给予了特权。在这里，有一个解放的核心有待发现，艺术家们打算抓住这个构想来确证僭越的反艺术行动，它开始构成了20世纪后期的先锋派（1960—2000）。

尼采用艺术和美学置换宗教证明对整个20世纪期间的先锋艺术家们都有非凡的影响。他提倡的个人英雄主义（或其具有反讽意味的后现代变体）仍然是21世纪早期官方艺术生产的主导性模式。

虽然康德的美和崇高观念影响了多数关于学院派艺术本质的理论化，尼采的思想影响了标准的现代主义艺术，但是一种美学生产的反运动对工业资本主义和帝国主义战争的这种可怕前景作出了反应。19世纪早期，法国社会主义者圣西门详述了一种除去了教条的基督教的新形式，它把取消财产和消除痛苦作为其核心目的：

> 让我们团结起来。为了获得我们的唯一目标，一个独立的任务将会落到我们每一个人的身上。我们，艺术家们，将充当先锋：因为在所有我们可以支配的臂膀中，艺术的力量是最快的而且最迅速有效的。当我们希望把新观念扩展到所有人当中时，我们就会轮流使用抒情诗、颂歌，或歌曲、故事或小说；我们将那些观念刻在大理石或帆布上……我们的目标是心和想象力，因此我们的效果是最生动的和最具有决定性的。[136]

20世纪目睹了唯物主义对艺术范畴进行诘难的出现，这一情形开始于工业革命期间。武装了马克思和弗洛伊德的革命性分析，先锋派艺术家们开始剖析了在维系阶级等级、国家主义情感、心理抑郁和经济不平等中的艺术生产的同谋。达达主义运动，对二战前所未有的技术屠杀的反应，旨在解放非理性的冲动从而克服西方文明中的理想的独裁。运用表演、大学、街头剧场和各种不同媒体中的无意义生产，达达主义者为20世纪的先锋派实践创造了样板。在欧洲宣布一战之后，许多未来的达达主义者，包括汉斯·阿尔普（Hans Arp）、雨果·鲍尔（Hugo Ball）、马塞尔·杨科（Marcel Janco）以及特里斯坦·查拉（Tristan Tzara），建立了作家哈基姆·贝（Hakim Bey）描述为位于瑞士苏黎世的“临时自治区”的东西，在整个战争期间瑞士都保持着中立。[137]

虽然在苏黎世这些艺术家和作家们中许多人继续出版和展示他们的作品，但是由于他们采取了强烈的反战观点，他们的艺术表现和反映了这种对欧洲大陆其余那些人的活动的厌恶。除了反战，这些艺术家们还开始了一种反艺术的先锋派传统——信奉反崇高。如果崇高体现了一套旨在超验性的文化抱负和社会抱负，那么达达的反崇高和这个时期的许多其他先锋派群体就代表了一种对文化中的这样一种“贵族性”的嘲弄式拒绝。模仿《瞧这个人》中的嘲弄的和不敬的尼采，而不是《悲剧的诞生》中的悲剧性崇高的尼采，这个趋势在伏尔泰夜总会（Cabaret Voltaire）中找到了形式——一场非理性和讽刺的嘈杂声的庆典，它狂喜地尝试勇敢面对西方历史的噩梦而不是渴望成为它的官方宣传家。的确，当达达主义者发起人雨果·鲍尔感觉到这个运动即将与当时的文化体系同化时，他绝望地离开了这个群体去过一种与世隔绝的僧侣式生存——回归天主教。然而，达达的核心发明仍然成为一种面对资本帝国主义（capitalist imperialism）的世界末日图景，却持续产生活力的遗产。

达达的无政府主义的和对抗的精神气质让位于那种更加具有正式结构的先锋派的超现实主义。从马克思和弗洛伊德（和达达）那里得到鼓舞，超现实主义者对无意识和梦的逻辑的强调释放了被压制的无政府的-社会主义式渴望的时刻。安德烈·布莱顿（Andre Breton）和迪戈·里维拉（Diego Rivera）在他们的充满激情而又矛盾的“超现实主义宣言”中宣称：

> 真正的艺术，不满足于玩弄现成模型的变体，而是坚持表达在其时代中的人和人类的内在需要——真正的艺术不能不是革命的，不能不渴望一种社会的完全的和彻底的重建。这一点它必须做到，只要它可以把理智创造从束缚它的锁链中解救出来，并且容许所有人将自己提高到只有与世隔绝的天才过去达到的那些高度。我们认为，只有社会革命才能扫清新文化之路。[138]

超现实主义从未产生它所反对的以及它最终为其所同化的工业资本主义的持续对立——因为它们的正式实验（像大多数先锋派那样）产

生了一套引人注目的体裁，它们可以被用来赢得观众的注意以及出售商品和服务。然而，它们用姿态示意的乌托邦式崇高却成为20世纪50年代和60年代被称为情境主义（situationism）的文化力量的核心关切。这一运动继续生产一些对当代文化所作的最有力的批判。

在后现代主义的情境中，我们看到一种形式的回归，实际上是标志后现代主义之崇高形式的增殖——因为艺术家们试图挑战通过超出其逻辑的主导性文化。虚拟实在是由于实在、超实在、模拟物以及虚拟物的过度而导致的实在的错位，这一点可以见之于让·鲍德里亚的著作。[139]除了其他形式之外，艺术丧失了其本质，在各种运动如流行艺术（沃霍尔）、作为商业的艺术。投资、资本和表演艺术中，利用其和媒体、文化、金钱和社会的相互关系。[140]伴随着偶发艺术与后来的关系美学，一种将艺术明显地消融到日常生活的做法让位于那些为了资本主义积累而新规定的疆域。[141]然而，我们的革命承诺是潜藏在所有这些资本主义现象之下的是一种突现共产主义（emergent communism）的无形式-给予-形式（formless-giving-form）。一种无政府主义——共产主义式崇高的模糊在场构成了资本末日的基础，并预示了它，这体现在其自身的自我理解过程中。

1957年，加布里埃尔·瓦哈尼尔（Gabriel Vahanian）出版了一本题为《上帝之死》的书，敦促神学承认无神论为一种社会中的强大潮流。[142]神学的这种反转伴随着一种艺术和文化的反转。同一年，盖伊·狄波德（Guy Debord）撰写了情境主义的奠基性宣言，题目是《关于情境建构的报告》。在这篇文本中，他提倡“情境的建构，也就是说，对生命之短暂氛围的具体建构，及其向一种更高情感性质的转变”[143]。狄波德将达达主义者和超现实主义者引为先驱，但是他要求一种明显是政治性的文化接触。在狄波德看来，通过重置从其中被再生产出来的社会关系，艺术必须开始直接面对资本主义的情感生产。艺术家们的任务是创造革命的行动，它将主体性从资本的崇高力量中解放出来。

正如马克思主义文学评论家特里·伊格尔顿(Terry Eagleton)解释的那样：

沿着黑格尔的“坏的”无限路线，存在着……一个“坏的”崇高：它存在于永不停息的、傲慢自大的资本主义自身的运动中，存在于其对形式的无情消解和对同一性的混合，存在于将所有的特定性质混入一个不确定的、纯数量的过程。在这种意义上，这种商品运动就是一种“坏的”崇高形式，一种无法阻止的转喻链条，其中这一个事物反对另一个事物，那一个事物又反对另一个事物，以至于无限。就像康德的数学式崇高一样，这个无尽的纯数量的累计会颠覆一切稳定的表象，金钱则是其主要的能指。[144]

试图逃离或面对资本主义景象的这个“坏的”无限以及它所塑造的许多方式变成了直到今天的先锋派艺术的主要焦点。重新想象社会创造性则成了这些持久的视域之后的推动力，如激浪派艺术、激进主义视频、艺术视频、许多表演形式、集体艺术实践以及过去几十年中的介入主义作品。

在20世纪90年代期间，“介入”这个术语被政治接触艺术家们日益用来描述他们的跨学科方法，这些都几乎总是发生在博物馆、画廊和录音室之外的领域。十年后，这些“介入主义者”继续创造一批介入日常社会世界的作品——虽然这些行为很少符合当代艺术或文化机构的特权话语。[145]

作为吉尔·德勒兹的合作者，同时也是反文化表达(这种表达定义了过去四十年中艺术实践的前沿)的主要影响者，法国反心理学家菲利克斯·迦塔里(Félix Guattari)谈到一种“美学范式”，为了建构集体主体性，这种范式必须收回媒体以及其他工具。在迦塔里看来，对生命、社会组织和语言的所有方面的伦理上和政治上有见识的重新发明对这个物种以及这个星球的生存都极为重要。面对他称之为“保守的主体性再疆域化”(conservative reterritorializations of subjectivity)的不断增长的压力，艺术的角色必须是:

一种去框架的活动，一种断裂感的活动，一种巴洛克式增殖或极端贫困，这导致了对主体自身的重建和再造。基于再疆域化(重复功能)和再单一化的双重记录，一种新的生存支持将摇摆于艺术作品上。相遇事件能够不可逆转地生存过程，并且产生“远离平衡状态的”日常生活的可能物的场域。[146]

这种“感觉的断裂”(rupturing of sense)是一种唯物主义的重新想象的崇高时刻。在迦塔里和大多数当代艺术中，生活、工作和游戏的新形式。这些活动可能包含着资产阶级权力、新情境主义公共姿态或媒体介入的映射。和这些集体活动的爆发一起的是约瑟夫·博伊斯(Joseph Beuys)风格的艺术创作之萨满教模式(shamanic modes)的再投资——运用“艺术家”角色的“个人崇拜”特点来谈论神秘主义先锋视角下的社会问题。博伊斯宣称:“只有在定义彻底放宽的条件下，艺术和活动才有可能与艺术相关，从而提供艺术现在是唯一进化的——革命的能力的证据。”他继续说道:

只有艺术能够解除一个继续沿着死亡线摇摆的老年社会系统的压抑效应:为了建造一个作为艺术作品的社会有机体而解除。这个最现代的艺术学科——社会雕塑/社会建筑——只有当每个活着的人成为一个创造者、一个雕塑家，或社会有机体的建筑师时，才会达到成熟。只有那时，坚持参与激浪派艺术（Fluxus）和偶发艺术（Happening）的行为艺术才会完全实现；只有那时，民主才会完全实现。只有艺术概念革命化到这种程度，才有可能转变为政治上的生产力，通过每个人前进，并且塑造历史。[147]

似非而是的是，这种先锋派的视角反映在彻底唯物主义传统的学院派马克思主义中，在这里个人崇拜围绕中心的"天才"人物发展起来。鉴于集体性形式经常被认为是不相关的，接近于彻底革命的最终目标，而不予考虑，就不可能把二者想象为共存的吗？伊格尔顿虽然强调美学在生产社会惯例和文化资本的压抑结构中的重要性，但是他在一种共产主义的崇高中也发现了希望。我们认为，这就是某种类似于迦塔里的"伦理——美学范式"（ethico-aesthetic paradigm）。"当然，不像传统的崇高，共产主义不是无形的和无组织的"，伊格尔顿写道，"但是这种形式和内容的统一也是非常地绝对，以至于前者实际上消失于后者之中。既然后者只是一个仅仅为自身所限的持续自我扩展的多样性，那么结果就是某一种崇高。"[148]伊格尔顿认为，社会主义革命是直接的目标，这样一种革命的内容是"超出了所有形式"——一个"不可表象的崇高"。

这里要讨论的是表象美学的完整概念。先前的革命都是形式主义的，将一种人为的"短语"或形式灌输到它们的内容中去；但是这种做法的后果是所指被能指矮化。比较而言，社会主义革命的内容超出了所有的形式，超前于其自身的修辞。除了其自身，它是不可被表象的。资本主义社会的表象工具就是那些交换价值；但正是这种表意的框架。[149]

在伊格尔顿看来，在资本主义体系内构造这样一种崇高的临时场所没有任何可能性。"如果在一个世纪的时间里还存在着政治激进主义者，那么这将是一个严峻的前景。"[150]但是如果我们把革命自身的过程想象为一种崇高生成的形式，那么迦塔里和伊格尔顿的视域就可以被看作是构成一种可行的综合。

在伊格尔顿和迦塔里的这种综合的边缘，我们称为崇高形式的东西，一种反抗表象的无形式的形式形成了。这是一种共同的形式，正如哈特和内格里在他们的著作中所说的那样。它是共产主义的，尽管关于这个术语发生了刻毒的争议和主张。思维是一种雕塑的过程，就像博伊斯说的那样，而艺术是一个思想过程，在这里二者都既是物质的又是唯物主义的，就它们形成和具有形式而言。“社会雕塑的场域”变成了“一个新的‘机器’，可以这么说——作为一个能量的载体。”[151]虽然博伊斯以更为理想主义的术语表达他的观念，但是他暗示性地宣称，从“资本就是人的能力以及由之而来的东西”这个意义上来说，“艺术概念必须置换堕落的资本概念。”[152]

崇高形式的外形，或者说一种并不反对崇高和不可表象性的形式，是由凯瑟琳·马拉布（Catherine Malabou）的可塑性概念提示出来的。虽然马拉布的可塑性概念更多地是参考黑格尔哲学和当代神经可塑性而不是艺术来阐述的，但是其重要性在于理解包含崇高于自身之内的形式概念。按照马拉布的观点，可塑性象征着一种具有三个特点的形式：它们是给予形式的能力，接受形式的能力，以及最重要的，爆炸可塑性（explosive plasticity），对形式自身的自爆方面的指控。马拉布说：“可塑性也是毁灭它能够接受或创造的形式的能力。”这可能是一种内在的崇高要素，以构成那个用以去除自身基础的东西。[153]进一步说，在她的著作《我们应该如何对待我们的大脑》中，马拉布把大脑假设为更加传统的马克思主义者称之为历史的东西的所在地。她断言：“在大脑的基因非决定论角色与社会的、政治的非决定论的可能性之间存在着某种联系，一句话，某种新的自由，这也就是说，一种新的历史意义。”[154]大脑不仅是生物学器官，而且是创造性转变的地点和符号，这个转变超出了资本主义的适应性（flexibility）。她将之明确地与可塑性区分开来。

可塑性自身就是一种社会雕塑和生物雕塑的形式，一种新的不是为艺术而艺术的艺术，而是一种直接就是政治的和物质的艺术形式，它基于我们称之为共产主义的崇高的东西。可塑性的三种模式，尤其是第三种破坏性模式，“导致了挑战给定感觉物之分配的政治主体的形成”，用政治哲学家雅克·朗西埃（Jacques Rancière）的话来说。[155]马拉布提倡一种“生物学的另类全球主义”（biological alter-globalism）或另类全球主义（altermondialisme），一种反对被称为全球化的极为肤浅的资本主义的另类世界。朗西埃没有使用可塑性这个术语，但是在他的政治美学中，他诉诸于“全球政治主体性的元政治观念”[156]。这种潜在性就是世界的可塑性，它也是一种艺术作品，但是一种由共产主义的崇高的作品。

艺术在过去两个世纪的去物质化与资本主义的积累策略是平行发生的。在新自由主义经济学的去调节和再调节之下的经济金融化由走向当代艺术中规定概念管理风格这一步骤反映出来。过去30年的艺术职业化和情感劳动力的需要一致，这种劳动力对维持新颖性的生产负责。在一个日益充斥媒体的局面中，这是一个困难的任务，而且随着对感觉的心理宽容不断增长，风险也在增长得更高。在这样的条件下，艺术的任务就是拒绝资本主义力量对其自身的工具化，以及在街头、网络、机构和艺术家自身的群体里重新物质化。艺术必须成为短暂的和多样的——可塑体/可塑炸弹（plastic/plastique）——当战术上必需时，就消失并且拒绝参与——怠工、攻击和占据权力地点，为了在可能的时候重新分配资源和关注。

第五章 伦理学

伦理学产生于一个根本的悖论，这就是生命不是好的这个经验和决定。生命，活着，是一件好事，但是生存不能够因为生命是不公正的这一结论而被证明是好的。如果人类的生存就其本身而言是好的，那么伦理学将会是不必要的。用最简单的话说，"生命就是抢劫"，就像哲学家阿尔弗雷德·诺斯·怀特海(Alfred North Whitehead)解释的那样：

> 活的社会的另一个特定就是它需要食物……它摧毁的社会也是其食物。通过将其分解为多少有点儿更简单的社会要素，这种食物被摧毁掉。它被剥夺了某种东西。因此，所有的社会都需要与它们的环境相互作用；就活的社会而言，这种相互作用采取了抢劫的形式……生命就是抢劫。正是在这一意义上，道德变得严峻。抢劫需要辩护。[157]

正如怀特海在他的伟大著作《过程与实在》中宣称的那样，我们的根本伦理学原则与我们的最基本生命经验相冲突。为了生活，人类和其他动物都必须吃掉植物或动物，其他生命成为我们的食物这一事实引发了最重要的和最成问题的伦理学反思。

动物生命是建立在吃掉其他生命的基础之上，吃以及被吃。通过把自己置于食物链之上，人类渴望将自己排除在这个过程之外。人类吃其他的动物和植物，但是他们自己却不被吃掉，至少在理论上。人类文化中的最有力的禁忌之一就是禁止同类相食，虽然有时候是实行过。吃掉其他人，或成为另一个人的食物的可能性，被看作是道德上错误的，这种情况提出了道德这个问题和难题，就像怀特海表明的那样。

如果善的首要原则与生物性存在的基本事实相矛盾，那么我们不禁想知道伦理学自身是否是个谎言。也就是说，伦理学告诉我们去行善，而不是杀戮、撒谎、欺骗和偷盗，但是所有这些活动不仅是存在的，而且对生存也是有必要的，尤其是如果生命是抢劫的话。唯一诚实的结论是，伦理学有助于将人类的生存加以合理化和社会化，但是它是通过否认和歪曲人性做到这一点的。宗教的道德命令可能提供两条逃脱的路线：一是，大多数主要的宗教传统以及近代的人文主义都强烈坚持人和其他生物之间的分离；二是，宗教的世界观提供了一种先于并取代自然生存法则的伦理法则的神圣来源。问题在于，这些传统是否歪曲了生命和人的条件从而为他们的真理断言进行辩护。

伴随着新兴领域进化心理学这个可能的例外，今天由欧洲现代性产生的许多科学视角和进化论视角处于争执之中，如果不是遭到攻击的话，尤其是达尔文的自然方法，即把生命看作是一个竞争和选择的过程。

今天，伦理学的处境怎么样？按照法国哲学家阿兰·巴迪欧的观点，“伦理学今天规定了支配我们如何相关于‘正在发生的事情’的原则”，它包含依靠专家们所产生的评论和意见而来的专业规范建设。巴迪欧宣称，伦理学成为一种实践的话语，它试图通过避免或阻止恶来辨别善。今天的伦理学通过尴尬地调节文化相对主义和模糊感觉到的普遍主义来避免恶。为了反对这些占支配地位的趋势，巴迪欧断言，就其是为任何人或每个人而存在的，以及伦理学只是存在于某些非凡的情境(singular situations)而言，伦理学是普遍的。“唯一真正的伦理学是复数形式的真理，”他说。[158]所以，不存在任何给定的伦理学或一套标准来区分善与恶或对与错。同时，对巴迪欧来说，伦理学从根本上是和一种对上帝的特别的洞见联系在一起的，它发生于真理产生之际。

巴迪欧承认，不存在任何客观的伦理学，但是他把伦理学建立在事件的基础之上。在他的杰作《存在与事件》中，他断言存在或终极存在的东西，以数学的形式出现。数学将无限多数的存在加以形式化，这意味着不存在关于单个的一或统一性的任何终极真理或给予的存在。[159]事件从这个无限的情境中抽去一个单一的或特定的发生之事(occurrence)，这个事件的发生产生了真理。真理通过忠实于事件而产生于主体或人。这意味着，当一个单一的事件发生时，它就是一个事件，因为存在着某种完全不可预测或不可预见的东西，它使人发明新的思维方式和作为回应的生活方式。巴迪欧经常提供政治事件作为事件的案例，如法国大革命，但是他也提到爱因斯坦的1905年文本作为科学事件。巴迪欧宣称，存在着四种不同的事件：政治事件、艺术事件、科学事件以及色情的或恋爱的事件。[160]

由事件产生的真理有利于一个忠实于它的主体，而恶则是未能达到事件的要求。巴迪欧说，恶的三个名称是置换了带有假象的事件，这个假象填满了作为事件之可能性条件的真空，其结果就是恐怖；背叛对事件的忠实，其最终的结果是自我背叛；最后，在灾难的意义上，“将真理等同于全部的权力就是恶”[161]。巴迪欧帮我们理论性地思考伦理学，他既肯定恶作为一个真实的然而又是人为的现象，又断言恶只是作为一个派生物或善的变形而存在。我们同意巴迪欧的这一断言，即普遍的伦理学是一个成问题的抽象：“不存在任何普遍的伦理学。”[162]所有的伦理学思想都是单一情境，即对事件的回应的结果。同时，巴迪欧的反思多少有点儿普遍和抽象，因为他得出关于伦理学本身建立在由(艺术的、科学的、政治的和色情的)事件产生的普遍真理之上的结论。在本书的结论中，我们还会回到事件这个概念，在那里我们会把德勒兹对事件的理解与巴迪欧对事件的理解进行比较。

为了更敏锐地处理伦理学的这个问题的本质，我们需要反思尼采对道德的超伦理学挑战（supraethical challenge），尤其是他的禁欲主义理想观念。在他的《道德的谱系》第三篇中，尼采提出这个禁欲主义理想的问题。禁欲主义意味着放弃直接的快乐或善，通常是出于精神的或宗教的目的。这种禁欲主义的放弃是一种自我牺牲，即为了一种更高的价值而对所欲者或所予价值者的牺牲。尼采所引申出来的是成为道德本身核心的禁欲主义理想的程度。按照尼采的观点，"直到禁欲主义理想的到来，动物式的人在这个世界上才有意义。"[163]

尼采断言，所有的价值最终都是来自于禁欲主义理想、真理意志、精神性、否认生命、牺牲，等等。在根本的层面上，生命是不道德的（immoral），这就是为什么道德（宗教、政治等）是必要的原因。禁欲主义被迫否认生命赞成善，这就是伦理学的问题或悖论。尼采肯定一种与约定论道德的生命伦理学，他扩展了他的批判来考虑所有欧洲的科学的、哲学的和技术的成就。就价值真理而言，人们开始质疑所有的价值，包括绝对价值、上帝。最终，"真理意志被迫考察自身"，这直接导致了伦理学的悖论和虚无主义的问题。[164]事实上，生命是非伦理学的，而伦理学或真理的价值就是生命的谎言或歪曲。最后，"正是由于真理意志的这种破晓的自我意识，伦理学现在必定会枯萎。"[165]对于尼采来说，任何不是建立在生命基础之上的伦理学都必定会枯萎，但是生命本身没有任何价值；它必须被给予价值。然而，跟随尼采思想而来的相对主义和虚无主义的幽灵意味着，我们不能简单地随意制定或规定价值。多元主义价值也降低了生命的价值。

禁欲主义理想为什么是一个问题呢？伦理价值是由于禁欲主义牺牲而产生的，因为它必定以某种方式牺牲或放弃生命从而产生道德。生命本身可以是非道德的（amoral）或亚道德的（submoral），但是一旦道德存在，那么生命的根本性质就被决定了至少是潜在地不道德的。伦理和道德（我们并不在两者之间划一条明确的界线）在于在"更高的"方向上使生命的能量改道，不管它是精神的或社会的，或二者都是。由于真理价值运行的方式，伦理和生命之间的冲突降低了生命和伦理学的价值。一旦你反对伦理和生命，你就将意义与生存分离开来，并且降低生存的价值以支持一种超验的或超自然的价值领域。但是真理试图保护这个超自然世界的确定性来维系价值，而这引起了一种辩证的互动，据此伦理和生命的碰撞最终动摇了双方。所以，禁欲主义理想是人类构建的用来给予他们的生命以价值的基础总体理想，但是具有反讽意味的是，禁欲主义理想转向自身，因此动摇了所有人类的伦理理想，包括禁欲主义理想自身。

有可能拥有或基于一种建立在某种不是禁欲主义理想的东西之上的伦理学吗——一种不需要歪曲或放弃生命的伦理学？不是在任何确定的意义上，不是。但是，也许我们可以更一般地思考一种严格说来不是反自然的文化，相反，为了回到前面提到的德勒兹和迦塔里的命题，让我们用"道德的地质学"——一种作为文化产品的道德，其建立不是为了反对自然，而是将地球作为其主体——这样的说法来思考。用这种方式，我们就能够借助于倾听有机存在物和无机存在物的节奏，并且努力与这种节奏合拍来思考超越禁欲主义者的伦理学。一种有节奏的伦理学包含快乐、敬畏和惊奇，它表达的是辐射和吸引的力量。我们需要把海德格尔的作为对世界及其存在回应的虔诚和敬畏感与斯宾诺莎用对上帝的理智的爱来规定的快乐结合起来，这就使得重新解释斯宾诺莎的《伦理学》成为必然。

在我们概述这种伦理学之前，我们想让人注意到今天禁欲主义理想所采取的两个主导性的和成问题的形式，它们就是战争与金钱。战争与金钱二者一起活动，在各种不同的场合也相互对立，但是二者共同运作以包含目前的禁欲主义理想。作为一种禁欲主义理想，战争包括为了某种更伟大的东西而作出的生命的自我牺牲，不管它是一个国家，还是一个原则如自由、民主或上帝。爱国主义将国家的价值置于个体的价值之上，并且认可个体的死亡，这样国家就可以繁荣昌盛。

战争可以更加实际地，也可以更加隐喻地来理解，因此我们就有了文化战争、精神战争，以及运动竞赛，其中竞争的本质被假定就是战争似的。战争产生了作为其后果的荣誉。战士获得荣誉或以身例证荣誉。这种荣誉是对禁欲主义理想的最高展示。荣誉是令人迷醉的，其吸引力在与发达资本主义社会中日常生活的平庸相比较时得以强化了，这就是为什么暴力电子游戏和电影如此大众化的原因。战争是诱人的，因为它将善与恶之间的冲突加剧到其最佳点。

正如在第三章“论政治”中讨论过的那样，德国法学家卡尔·施密特认为，作为一种真正的可能性，战争表达了政治的本质。施密特对现代自由主义所引起的虚弱和严肃性的缺失感到震惊。他想要将政治从程序代议制政体中解救出来。在《政治的概念》中，施密特宣称，政治的最典型区别就是朋友与敌人的差异。一个人只能拥有一种真实的政治，如果其能够定义并区分敌与友的话。按照施密特的观点，“敌与友的区分表示一种联合或分离，一种联系或解除联系的最大强度程度。”[166]

这里的朋友与敌人并不带有个人的或个体的内涵；施密特以一种纯粹政治的方式使用这些术语作为应用于某一群人。为了使政治意义上的敌与友的区分具有其最大强度，必须至少存在战争的可能性。这就是说，敌与友或敌人之间的战争必定是可能的；否则这个区分不完全是政治的。战争提供带有道德严肃性性质的敌与友之间的政治差异，这在许多其他的情境中都是缺失的，包括经济情境。战争是一种特殊的案例，它带有“一种特别的揭示事情核心的决定性意义。因为只有在真实的战斗中才会显示敌与友的政治分类的最极端后果”[167]。所以，战争是施密特的根本政治区分的基础并给予其意义，这种区分因此也是一种伦理区分。

我们并不同意施密特的断言，即敌友区分是政治的基础，我们早已表达了我们对施密特的政治神学概念的批判，但是就其揭示了战争（它基于在敌友之间作出清楚的分别这种可能性之上）的实在性和意义而言，我们认为他的诊断是有趣的。我们主张，要求作出这种清楚区分的欲望表达了一种对禁欲主义理想的例证化、道德纯洁性的欲求、我们和他们之间的清楚对立、善与恶，等等。通过这种方式，施密特实际上重新定义了战争和伦理。为了，政治的本质。和伦理相似，虽然可以假设战争是伦理的一个特例——也就是说，从规范或规则出发可想象的最遥远的事情——如果不是非道德的话，对施密特来说，我们能够明白，作为伦理的范式性案例，战争是如何出现的。换句话说，无论他的政治学还是他的伦理学都是以战争为基础的；战争是理解政治和伦理的必要条件。

这种观点对于今天的许多人来说越来越具有吸引力，因为民族-国家之间的清楚划分由于信息流和金融资本而被打破了，战争正变得更加普遍化和无处不在。就像迈克尔·哈特（Michael Hardt）和安东尼奥·内格里（Antonio Negri）在其《大众》一书中所主张的那样，一切战争都变成了国内战争。按照哈特和内格里的观点，国内战争是先导民族国家试图不惜一切代价加以阻止的最大的恶，而严格的战争被外在化为其他国家。然而，“今天国内战争的问题重新出现在一个更大的、全球的水平上”，因为在全球化之下，所有的战争在某种程度上都是国内的，它需要持续不断的监视、压迫和控制。“目前的战争状态”，他们写道，“已经变成了连续的警察活动，它通过恐惧和暴力来支持施政以及对人民进行政治控制的调节性基础。”[168]战争是禁欲主义理想的弥散形式，就这一点而论，今天它已经变成了伦理的操作规范。

战争不只是反对经济核算和金融财富。许多战争是为了国家利益或得到重要资源而战，最终它是从经济学的角度来估定价值的。战争的产物是荣誉，它使得战斗值得战斗，它使得生命值得一过（以及一死）。同时，今天使生命活着的东西，也即功能，是金钱。金钱代表着压缩了的价值形式，实际上就是价值自身的标准，以及禁欲主义理想的最有力的，也是最暗藏危害的形式。金钱代表着为了未来的善和未来的财富而牺牲时间和财富，即使它开始立即以及直接代表那个财富。在《货币神学》中，英国宗教哲学家菲利普·古德恰尔德（Philip Goodchild）将作为人性绝对价值的现代货币实例化追溯到1694年英国银行的建立，就像我们在与宗教有关系的第二章中所看到的那样。“在威廉·帕特森的鼓动之下通过议会法案而形成的英国银行为了宗教战争而以8%的利息给威廉三世提供了一笔1，200，000英镑的永恒贷款。”古德恰尔德解释道。[169]这个法案创造了货币的信用理论，在这里被借的作为信用的货币并不一定要偿还，但是随后要作为信用被再次借出，从而创造更多的货币。古德恰尔德断言，货币的公共创造刺激了难以置信的经济增长，使得工业革命和现代资本主义成为可能。[170]我们同意古德恰尔德的分析，虽然我们也强调新能源资源，主要是矿物燃料的开发，这在下一章中将会看到。

问题在于，作为信用的货币的公共创造和再创造帮助产生了巨大的财富，同时货币也越来越作为衡量所有财富和价值的价值标准而起作用。货币是普遍的；它用作价值的绝对标准，并且使社会交换和经济交换的每个形式实际上都变得可能。根据古德恰尔德的观点，“没有任何东西比货币更有流动性、更有交换性、更有价值。无论一个人自己的价值是什么，作为达到其他价值的途径，他们都必须给予货币以价值。”[171]所以，货币（它只是达到目的的手段，因为它不可能成为目的自身）成为达到任何以及所有善的目的的主要手段。货币必须被给予价值，不是为了它自己的原因，而是为了所有能够被定价以及用钱购买的善，它包括劳动、土地、时间、食物、水，甚至空气。货币是手段，但是是一个绝对的手段这一事实使它成为禁欲主义理想的最普遍形式，虽然战争/荣誉依然既是作为伦理价值资源的金钱的一种替代，也是对它的一种补充。

今天，我们的终极价值是金钱，大多数反对货币估价的严肃抗议似乎都包含着一种返祖性的基础主义或法西斯主义，这是战争/荣誉采取的否定形式。金钱带有价值和贪婪、权力和名誉这些商品，在许多方面，金钱代表着世界上权力的社会善和重要性，虽然战争和货币估价一起起作用，有时也反对。我们仍然对其他的非货币估价口惠而实不至，包括诚实、无私、利他主义，等等，它们都是禁欲主义理想的更陈旧的形式，这种禁欲主义理想经常与获取财富相冲突。不幸的是，由于道德原则的虚伪性，这种处境创造了一种难以置信的关于伦理学的犬儒主义，这种道德原则是规定的，而不是实践出来的。所说的与所做的以及所回报的相冲突，至多，传统的道德准则宽慰了那些没有分享到创造这种巨大货币财富的人的良心。

如果有什么意外的话，毕竟，要让宗教右派与自由放任的经济学政策结盟有那么容易吗？一方面，一方和另一方没有任何关系；或者说，当他们公开声称的价值遭遇所有价值的相对性时——这种相对性是资本主义的把金钱作为一切事物尺度的不可避免的结果，在它们有联系这方面来说，新传统主义的价值观选民至少必定承认这种张力，如果不是完全反对的话。但是，美国的电视评论家们应该更早地警惕这一点，如果他们注意到鲁伯特·默多克的福克斯娱乐界巨头提供的规划；给我们提供《拖家带口》(Married with Children)和《辛普森一家》(The Simpsons')的相同娱乐公司大量生产了精雕细琢的新闻频道作为欲壑难填和道德堕落之海的唯一保守的声音。制造了比尔·奥雷利(Bill O'Reilly)和肖恩·汉尼提(Sean Hannity)这些类似的明星的相同公司从事着以《恶搞家庭》(The Family Guy)形式出现的方式的每周恶搞(weekly parodies)。换句话说，驱使福克斯新闻的不是意识形态，而是粗鲁的资本主义(crass capitalism)。不管是销售淫秽作品,还是谴责它,底线都是重要的唯一价值。正是在这种意义上,我们谈到今天被误认为是伦理学的犬儒主义。

财富在越来越少的人中变得越来越集中,大部分是通过大型的和强大的跨国公司的途径。同时,越来越多的人亏本,看到他们的财富和生活标准下降,公共债务和私人债务二者不断升级直至超出控制。当金钱被创造出来作为信用时,它也创造了债务,信用和债务这个循环作为经济生产率增长而起作用,但是现在这个巨额债务摧毁金钱要快于。正如古德恰尔德所说,"整个全球经济都是由债务的螺旋所驱动,被迫追求进一步的利润,总是依赖于未来的扩张。"[172]今天,这个未来的扩张处于严重的危机之中,我们将在下一章中讨论各种理由。

在他的重要著作《债务:第一个5000年》,大卫·格雷伯(David Graeber)准确地表明,金钱和债务是如何与战争和军事力量纠缠在一起的。在近代史,我们用可量化的经济学术语来理解社会关系这一事实产生了难以置信的暴力。他断言,债务仅仅是"由数学和暴力所败坏的……承诺的颠倒"[173]。基本的人类经济学和社会关系拥有格雷伯称为共产主义的内在道德性质,但是这些关系被歪曲了。战争、奴役和父权制与制造货币和建立市场联系在一起,它们是由国家或帝国的力量来捍卫的。

格雷伯表明,存在着经济关系的三种基本道德形式:共产主义、等级制度和交换。这里的共产主义指的不是苏联和中国在20世纪进行的大规模社会主义实验,而是为所有社会关系提供基础的根本相互作用。格雷伯说:"共产主义是所有人类社会性的基础。"[174]共产主义建立在"各尽所能,各取所需"的合作原则这一基础之上。人类的社会关系首先关心的是分配,帮助穷困同胞摆脱困境的义务,我们都经验过这种社会的、经济的、道德的义务,至少在我们的亲密家人和朋友中是这样。比较而言,等级制度建立在先例的基础之上,它意味着某些区别性的性质使一个人获得名声和职位。等级制度建立在不平等的前提之上,像荣誉和声望这些道德原则致力于各种等级关系。按照格雷伯的观点,建立在等级制度之上的社会是在人类历史发展的某个点上突然出现的,这对于国家的产生来说是必要的。

最后,一旦国家产生了,它必须用武力来强化信用的义务。避免社会危机和经济危机的最容易的方式就是扩张和征服其他领土,它容许输入的商品分配给那些人口。随着国家增长和扩张,它们开始将作为债务的信用义务列表,这产生了一种等价原则或交换原则。经济关系所必需的货币交换的等价性仅仅是通过一种难以置信的暴力行为产生的,通过国家的武力来产生和维持的。国家建立并维持市场。市场容许商品和服务的交换,但是它们也产生债务。债务是一种可量化的人类关系的产物,据此人类的产品、劳动和生命本身都服从于货币形式。格雷伯说:"债务于是就成了一种已经完成的交换。"[175]这是一种暴力的和不道德的完成,它成为经济道德的基础:一个人必须偿还其债务。债务的囚徒出卖他们的劳动,他们的亲人,甚至他们的生命来努力地还清债务。资本主义建立在债务的基础之上,这就是生产货币。人类社会和道德从起源上或必然性上并不是基于债务,但是我们已经开始这样思考,因为我们被自己对市场资本主义及其交换价值的忠诚所欺骗。

为了从基于战争和债务的道德中扭曲着解放出来,我们转向海德格尔和斯宾诺莎,试图以其他方式来重新想象伦理学。在其哲学中,海德格尔诊断了。在他的"关于技术的问题"中,海德格尔断言,今天技术向我们揭示的是所有的存在者都采取了"持存物"(standing-reserve/Bestand)的形式。所有的对象,包括人在内,都是可替换的和有序的。[176]我们都是原材料,任何东西都逃脱不了从存在者到持存物的这种势不可挡的还原。

海德格尔承认这种破坏,并且无望地试图设想一种更加诗意的栖居在世界上,它不会通过一种技术的方式框限(enframing/Ge-stell)它们,从而把存在者还原为可计算的事物。只有当人类放弃技术掌控时，我们才有可能理解那不是技术的或计算的技术之本质，才有可能体会存在的真正含义。在另一本书《论思的事情》中，海德格尔比较了计算性思维和沉思性思维。沉思性思维避免了计算性思维的技术陷阱，这种计算性思维充满了我们的经济世界、金融世界及其价值中，它使每个事物和每个人都变成了持存物。按照海德格尔的观点，人在本质上是“一个思维的，也就是说，沉思的存在者”[177]。沉思性思维的唯一方式是停止掌控和试图控制实在，然后让其自行其是(to let go)。让其自行其是就是一种“释放”，释放计算真正的本质和存在之目的的企图，这种释放，即 Gelassenheit，是通达存在自身的唯一方式，它超越了技术理性和货币价值。[178]

我们并不把沉思性思维和计算性思维看作是完全相互对立的，像海德格尔所做的那种程度，但是我们的确欣赏他的超越货币计算而思及估定价值的尝试。同时，在其为现代经济学价值找到一种替代性来源的尝试中，早期海德格尔不名誉地拥抱了国家社会主义，及其好战精神(warlike ethos)。不管海德格尔后来有没有对他加入纳粹党感到后悔，但是作为这种可怕的误算(horrendous miscalculation)之结果的被动性和屈服方面，他已经走得太远了。尽管如此，海德格尔仍然是一个伟大的和重要的哲学家，他对沉思性思维的强调则是对当代迷恋于计算的重要的伦理学上的矫正。[179]

海德格尔的沉思性思维及其随之而来的敬畏的部分问题是，它可能看上去非常神秘而且超自然，这是禁欲主义理想的另一个重新例证。为了不同地思考伦理学和禁欲主义理想，我们打算考虑一下巴鲁赫·斯宾诺莎的思想。首先，让我们回忆巴迪欧关于善与恶的对立说，然后把它直接应用到禁欲主义理想。按照巴迪欧的观点，恶是对善的背叛或偏离，这意味着对产生于事件的真理的忠实。根据传统道德，生命是恶的，意思是就其反对生命来说，道德、伦理或禁欲主义理想必定是善的。在有关怀特海的断言即生命是抢劫的那一章的开头处，我们就看到了这个问题，这也是伦理学的主要问题。由尼采尝试的对这种主张的反转是，肯定生命本身就是善的，它意味着禁欲主义理想便是逃离对生命事件之真理性（truthfulness）的忠实。我们认为，这种替代物更好，但是它仍旧是对立性的，我们需要到达一种"超善恶"的伦理理解，它不是虚无主义的，也就是说，我们不否认实在或善与恶的存在，但是我们没有把它们当作是极端的。

善与恶是如何关联的，以及斯宾诺莎如何帮助我们思考伦理学？在他的《伦理学》中，斯宾诺莎主张，只有一种无限的实体，它可以被划分为样态。斯宾诺莎将这种无限的实体定义为上帝，这是非正统的，并且使斯宾诺莎陷入许多困境——他被荷兰的犹太人社区开除教籍，他在有生之年没有出版《伦理学》，因为他知道这将会引起太多的争议。斯宾诺莎不是无神论者，但是他把上帝以哲学的方式理解为自然本身，一个无限的存在者。在《伦理学》的开端，他将上帝定义为"绝对无限的存在者，也即是说，由无限属性所构成的实体，其中每个属性都表达了永恒的和无限的本质"[180]。

样态于是被描述为上帝的无限属性的变体，正如斯宾诺莎在命题22中解释的那样："凡是出自上帝的某种属性的东西。"[181]特殊事物是表达那唯一无限的实体也即上帝的某种属性的样态。斯宾诺莎认为，存在着无限多的可能样态，但是他明确讨论的两种样态是思想和广延，或心灵与身体。[182]心灵与身体是存在的两种平行样态，它们由同一个实体的不同表达所构成。实体，或自然，或上帝，是所有事物的内在原因（命题18），存在的每个事物都是这个唯一无限实体的变体。

《伦理学》被划分为五卷，我们迄今讨论的第一卷涉及的是上帝。第二卷接下来解释人类心灵的本质，第三卷是人类情感的本质，第四卷是人类为这些情感所奴役的本质，最后，第五卷处理的是理智的能力，也就是人类的自由。就其是一个无限实体的被决定者而言，人类从根本上说是不自由的。但是，就其参与并且理性地理解这种实体的本质以及它所进行的活动而言，他们又是自由的。情感使人们混乱，而且使他们误解实在的本质，这导致了奴役，这是对因果性、能力、德性和自然的真正本质的无知。如果人类理性地理解了自身和自然，那么他们就能够获得善、自由和快乐，这就是为什么斯宾诺莎的著作在最深刻的哲学方式上是一部《伦理学》。

斯宾诺莎的《伦理学》和禁欲主义理想以及在本章中所表达的伦理学问题有什么关系？在其最广泛的意义上，我们可以用斯宾诺莎所称的无限的自然或实体来思考生命，我们可以思考实体/生命的样态或变体作为一种禁欲主义的形式。通过这种方式，样态不是恶或坏，因为它们是生命的必然被决定者。样态是存在、身心的变体和被决定者，这就使它们为自己而存在，也为生命本身而存在。同时，只有上帝纯粹是善的，被理解为没有禁欲主义的生命。当然，我们正在一种更加广泛的方式上运用生命，而不是将生命限制于有机体。但是，这是一种通过无限的存在者或实体，也即上帝，把伦理学与生命联系起来的方式。我们会在第八章中更多地谈及存在。这里，斯宾诺莎关于无限的实体和有限的样态的这种区分帮助我们重新思考禁欲主义理想的"超善恶"的问题。

斯宾诺莎使用拉丁短语 Natura naturans（产生自然的自然）和 Natura naturata（被自然产生的自然）来解释 Nature naturing（自然化的自然）和 Nature natured（被自然化的自然）或被决定者之间的差异。他说："关于'Natura naturans'，我们必定理解为存在于自身中，并且通过自身而被设想的东西，也就是说，表达了永恒的和无限的本质的实体的属性"，然而，"至于'Natura naturata'，我理解为一切来自于上帝本性之必然性的东西……或者说所有上帝之属性的样态，就其被认为是存在于上帝之中，并且没有上帝就既不能存在也不能被设想的事物而言"[183]。自然化的自然是在这种扩展的意义上理解的生命；它在一种更深层的伦理学意义上也是善的。被自然化的自然则是一种生命形式，在禁欲主义理想的符号之下，它也必然作为一种禁欲主义形式存在。这就是禁欲主义的必然性和无处不在性，但是这也是其局限所在，因为它不是外在于，而是内在于所有的存在者。

深受尼采和斯宾诺莎二人影响的吉尔·德勒兹在其著作《尼采与哲学》中提供了理解这一区分的另一种方式。在他的书中，德勒兹区分了主动力和被动力。他说，所有的物体都是由相互作用力所构成的。实在自身"早已是力的质"，这意味着要不是力与某种别的东西之间的对立，我们就只能区分主动的、支配的力与被动的和被支配的被动力。主动和被动是衡量"力与力的关系"的性质决定者。[184]所以，力相互作用，所有的力都是内在地具有主动性的，除了用更强大的、更主动的力这些相对的术语来说。在最根本的水平上，被动力只是弱一些的主动力。然而，德勒兹进一步发展了主动力和被动力这种区分，他也给予其一种道德的强调。他说，只有通过去主动化或分解它们，被动力才能够克服主动力。也就是说，被动力是一种以否定的方式通过将其自身和其他的力与主要的能力或"它能做的东西"来肯定自身的力。[185]主动力或肯定的力则是与能够行动的某种东西联系在一起的能力。所有的物体都是由主动力和被动力所构成，但是当被动力处于支配地位时，通过使主动力变得无效，它们就将力与它所能做的分离开来。德勒兹追随尼采，肯定主动的和强大的力而反对谴责生命及其能力的被动力。

用斯宾诺莎的术语来表达这一点，肯定的力肯定了实体、自然或生命自身，而被动力唯一肯定和保护样态自身，忘记了它们只是其变体的实体。被动力与使它们去做它们能做的东西或者与成为它们之所是的样态分离开来或与之切断。主动力与自己结盟或与实体的动态本质协调，而被动力只能肯定与实体和生命相反的自身。这些被动力因此促进了尼采所称的"ressentiment"(愤慨),一个接近于英语词resentment的法语术语。德勒兹说:"愤慨规定了一种类型,其中被动力压倒主动力。"[186]愤慨憎恶无限实体、自然化自然的主动能力,它试图关闭样态与实体之间的缺口。陷入自身之中的存在者是被动的、憎恶的和坏的;它主要地靠禁欲主义理想生活,而不是成为肯定其参与实体的实体之样态。这种参与是参与存在、生成、创造性和新奇性,通过它们实体变更与表达自己,这是一个生与死的舞蹈。肯定作为实体的实体和生命也是肯定死亡,因为死亡是生命的一部分,没有有机体的死亡,有机体的性生活就不可能。肯定生命、实体和德勒兹所称的主动力就是斯宾诺莎所说的快乐或者对上帝的理智的爱。

对上帝的理智的爱是伦理的基础和本质,至少是任何没有为禁欲主义理想所俘虏的伦理。在他的《伦理学》最后一卷,斯宾诺莎说,自由表达的不是避免或克服自然必然性的能力,而是理性的能力,"理性拥有的控制情感的程度。"[187]被动的和难过的情感使动物依附于它们的被动能力,想要肯定和无限实体相反的自身。对上帝的理智的爱就是肯定无限实体自身,这是建立在人类的理性和理解之上。斯宾诺莎断言,存在着三种知识——想象的、象征的知识,更为理性的知识或理解,最后根据无限实体理解事物的能力。[188]斯宾诺莎肯定,这第三种知识是"心灵的最高自然倾向,其最高价值就是通过这第三种知识来理解事物",它"从某些上帝的属性的适当观念进展到事物本质的充分知识"[189]。这第三种知识就是理智直观的形式。

人类的心灵能够理解和肯定无限实体,对许多当代人来说这似乎难以置信。斯宾诺莎极为乐观,后来的哲学家们向我们表明要欺骗或误解我们的理性的本质是多么地容易,这比许多人想要认为的要更加情绪化和非理性得多。理智直观似乎像是关于世界的上帝视角,关于斯宾诺莎所称的"以永恒的观点"(sub specie eternitas)看实在的上帝视角。我们并不认为，像这样的理智直观存在，至少作为理性的知识。同时，斯宾诺莎的对上帝的理智之爱作为一种伦理的理想起作用，这并不意味着它是不实在的，而是说正如我们是有限的存在者，由于情感我们对上帝的理智之爱绝不是完美的或未被沾染的。关于想象力和情感，斯宾诺莎比我们还要更加悲观，因为想象力和情感牵涉到所有的知识形式。同时，我们接受斯宾诺莎在悲伤的情感和快乐的情感之间所作的区分。悲伤的情感依附于样态并且否认实体。快乐的情感以一种更为尼采式的方式肯定生命自身，就像德勒兹指出的那样。

第三种知识，斯宾诺莎称之为对上帝的理智之爱，因此就不是理性的理解形式，而是一种伦理知识。伦理知识使我们从无限者，或实体，或生命自身的立场来评价，来肯定我们是自然的变体以及我们参与其中这一事实。

也就是说，我们肯定自然化的自然，生成中的无限实体，作为实体之变体的我们自身，二者都接受和肯定我们的有限本质。对上帝的理智之爱就其是可能的而言是真正的快乐，它超越善恶以及超越禁欲主义理想而存在。实际上，就其是实体的表达和变体来说，禁欲主义理想是善的，但是就其认为自己是唯一的意义和生命的价值，以及根据其样态而给予生命的其他形式或样态以价值来说，它又是恶的。

最后，我们可以把快乐肯定为爱，如果它不是自我肯定，而是吸引的主动力的话。快乐是对另一个人的爱，不是只作为对一个人自己身上所缺乏的东西的简单庆祝，而是对成为另一个人的他者和相互关系中的存在的肯定，因为所有的存在者都是他者，包括一个人自己，所有的存在是关系中的存在，因为它就是变体中的存在。关系中的存在也是旋转中的存在，它意味着以一种有节奏的方式跳舞和旋转。这种能量和这种存在的物理方面及形而上学方面会在下三章中探究。旋转就是振动；它是辐射，所有的存在者都辐射，不是只有亚原子粒子才会。我们肯定那种和实体/生命以及所有其他事物一起共鸣的快乐，这些事物也会辐射到存在者。这种肯定并不局限于白人男性，而且也以一种重要的和强力的方式为其他人和其他物种所共有，甚至包括无机的存在者。

我们肯定一种参与的主动伦理学，一种产生真理而不是发现真理的吸引力伦理学，一个建立联系而不是诋毁它们的伦理学。我们并不期望通过错误地将我们的有限样态替换为无限实体来填满我们存在中的缺失；当它扩张至超出我们的有限自我而朝向无限者时，我们的欲望就是过度的，甚至是僭越的。伦理学是某种不同于禁欲主义理想的东西的肯定性吸引力。伦理学也是能量的，因为在物理的和物质的意义上，存在就是能量。这一点我们将在接下来的三章中看到。

第六章 能 量

（与凯文·麦奎特合作）

就其最基本的意义来说，生命就是能量转换。在某种意义上，存在或实在自身也是能量。在20世纪之初，阿尔伯特·爱因斯坦证明了质量和能量的可转换性，这一点充分体现在著名公式$E=mc^2$中，在这里，E是能量，m是质量，c是光速，光速是每秒18.6万英里。对于我们之所是的每个东西以及我们所做的每件事来说，能量都是根本的。

本章考查的是能量在技术文明崛起中扮演的关键角色，并且考虑这一文明如何由于廉价能源的衰减而受到威胁。说得更直白点儿，本章以及下一章考虑的是一种超越石油和超越热量的未来，因此对于我们思考全球资本主义崩溃——如果不是完全耗尽的话——之后下一步怎么办的既定目标是必不可少的。就全球化是由廉价石油加以刺激来说，超越资本主义或后于资本主义思考需要一些新的思考能量的方式，这部分地反映了某种向爱因斯坦的回归，以及对电磁的重新考虑。本章反映了能源使用的当下状况以及历史处境。在下一章中，我们将提出一项由凯文·麦奎特进行的一个潜在具有革命性观念的原创性研究，这个观念包含一个重新设计的核动力发动机计划。它可能有助于补偿因为化石燃料的无可替代的损失而带来的能源衰减。这一彻底转变的关键就是以一种去热化的方式来思考地球。

这个问题关心的是如何理解超越热量的物理学。在近代人类历史上直到现在为止，我们仍未被要求用这种方式思考。作为依赖于热量的存在者，我们的共同发展为我们服务得刚刚好。但是在人类的发展中，我们已经达到了一个关键时刻，它要求我们以一种全新的方式来思考——超越热量。[190]

太阳能维持着地球上的生命。能量转换的主要来源是光合作用，这是由微生物在其他食物资源缺乏时实现的。植物同化了这些经过光合作用的细菌，因此能够将二氧化碳、水和光子结合起来，产生碳水化合物和氧气。光子提供了发生能量转换的必要能量。[191]碳水化合物是能量的储藏地，以及事物的来源或微生物和植物，其次是动物的燃料。在一个基本的和首要的水平上，能量转换并不是关于热量的，即使热量（在新陈代谢的形式上）是这个过程的结果。

动物不能直接将阳光转化为能量；它们必须通过吃掉其他动物，从而直接或间接地消耗植物身上的碳水化合物。借助氧化作用，动物把碳水化合物转化为能量：它们燃烧燃料，产生热量。"绝大多数从食物中释放的能量通过动物的新陈代谢直接变成了热量，"生物学家麦克尼尔·亚历山大（R. McNeil Alexander）这样写道，"但是有些可能被用来进行工作，所以就被转化为其他形式的能量。"[192]动物主要通过消耗食物产生热量，正是这一能量转化过程使它们得以生存和活动。

这种能量转化的动物模式使所有人了解到我们人类开发和利用能量的努力，这种努力在过去的两个多世纪所产生的非凡文明中达到了顶点。从根本上说，我们发现可以燃烧的各种外部燃料来源，这种燃烧产生了可以用于物质的、农业的、结构的以及后来的文化的努力的剩余能量。但是，这些能量转化的过程也释放出大量的额外热量。驯服动物和培养植物使人们把其他形式的生命用来为他们的目的工作。这种使人类文化成为可能的驯服是建立在对火的驯服基础之上的。人类学家希斯特曼（J. C. Heesterman）阐述道："不仅被挑选的动物和植物种类被驯化和培养，更主要地，以及首要的是，火被驯服了。”[193]烧木头以及其他植物和动物制品使得人类可以发展我们称之为人类文化和文明的东西。最成功的燃料来源是液体、固体或气体中储存的碳。这些燃料来源产生并维持着我们的非凡文明超过两个多世纪，但是这些资源正在迅速地被耗尽，并且在人类的时间尺度上是不可再生的。

此外，当我们绝望地寻找越来越多的渴望能量的化石燃料来刺激我们依赖于增长的经济时，我们却把越来越多的热量和像一氧化碳和甲烷这样的吸热气体释放到大气中，这就有使这颗星球升温到与人类生活不相容的温度的危险，我们许多人已经习惯了那种舒适的形式。2001年，政府间气候变化专门委员会（IPCC）推断，“本世纪全球气温将上升1.4—5.8摄氏度。”[194]正如乔治·蒙比尔特（George Monbiot）指出的那样，全球温度只上升2华氏温度就会对海平面、食物生产、物种减少乃至于灭绝产生灾难性影响。而且，许多气候科学家认为，与政府间气候变化专门委员会估计的相比，“本世纪的温度可能上升得更多”[195]。

石油峰值和全球变暖是同一个根本问题的两个相互联系的表达：在物质上，我们已经超出了地球的自然资源维持这么多亿人的能力，无论是在我们已经达到的消费水平上，还是许多发展中国家正在达到的水平上。当代企业资本主义——对于许多人，尤其是第一世界中的人来说，它被用作一种意识形态，甚至一种宗教——基于一个谎言，这就是不确定增长的幻象，如果不是无限增长的话。[196]全球资本主义的增长是不平衡的、不公正的，并且分配不均，但是由于极端廉价的能源形式，它仍然是可能的，所以现在能源正在变得越来越匮乏，越来越昂贵。现实与资本主义的假设和规划发生了冲突，因为我们不可能用有限资源的基础来获得无限的增长。我们正在达到人类扩大并控制环境的这种能力的极限，虽然我们绝望地寻找那些容许我们继续这样做的新的技术突破。和那种典型的把人类历史表现为大观念和大人物（经常较少女性）之演变的人类文明史相比，我们的则是一部唯物主义历史，它由于强调能量所扮演的角色而变得新颖。就像导言所概述的那样，我们正面临一个难以置信的和史无前例的能源危机，这场危机的程度只有因为我们忽视能量在人类文明中的历史的和当下的地位时才会增加。正如已经表明的那样，我们所称的人类文化或文明的东西是建立在对火、动物以及植物的驯服和培养的基础之上。利用动物的能力来扩大人体的能量，加上由燃烧原料所提供的燃料，当它们再与种植和收获种子作物的能力结合在一起时，就产生了大约1万年前的农业革命。

在接下来的9,800多年的绝大多数时间里，烧木头，以及经过驯服的动物能力，再补充以水力和风力，一直成为首要的能量资源。这些实践足以使人类去采矿以及使用各种贵金属，而农业中的技术发展引起了食物生产和卡路里的增多。可持续农业的好处是导致了定居的、集中的人口以及城市和国家的产生。同时，这些发展也产生了等级制的、不平等的社会。由于生长速度超过食物供应的趋势以及掠夺或免受其他定居和非定居民族侵害的需要，这些社会都实行奴隶制并强调战争。

在过去的几千年里，我们共同做的事情就是开发可以获得的各种能源，与之呼应的则是发展人类的技术革新。假如没有受到因为林业以及自然航道开发刺激而发生的在先的机械革命，那么发现煤炭可能就是偶然碰到的短暂联系。但是我们并没有经历过机械革命，而煤炭的发现又遭遇一个现成的更大程度地利用能量转化能力和技术革新的进步，由此产生了工业革命。

在工业革命中，现代的蒸汽机，再结合对一种新能源即煤炭的开发，将一个早已强大的欧洲——它依赖造船和航海方面的创新而“发现”了西半球和灭绝性流行病、剥削、对土著居民的奴役以及通过贵金属提供的资本来扩大和产生进一步的增长——推到了世界的主导地位。拿破仑被英国领导的一群国家打败，结果导致了英国的优势，这一点主要是基于它的海上力量。工业革命需要一种新的燃料来源，也就是煤炭，这种东西在英国天然就很丰富，并且提供了它。当然，这是一种宽泛的概述，缺乏许多历史的细节，但是关键点是从前工业的到工业化的欧洲和世界的不可思议的过渡，以及使这一点成为可能的能源。

由于蒸汽机而开采和燃烧煤炭为大英帝国提供了燃料，基于此它也被假想为日不落帝国。直到我们在19世纪达到了煤炭的某种技术限制时，石油和天然气的发现才变得重要起来。1776年，美国从英国那里赢得了其独立，但是在1812年战争之后成为英国的盟友，到19世纪末，则主要地是友好的对手。1859年，埃德温·德雷克（Edwin Drake）在美国的西部宾夕法利亚州打下了第一口大的产油井。[197]关于进化（人类的、生物的和宇宙的）的最有趣的一点就是，变化的速度是如何加快起来的。这里，在作为革命性的新资源而得到发展和广泛推行之后不久，煤炭很快就被一种更富有成效能源的石油所替代了。[198]关键的发展是制造业创新，它们用增加和扩散内燃机真正解决了长期以来的动物运输污染问题。这是一个双重的好处——大规模地成功利用石油来扩大交通运输，又解决了城市动物粪便的污染问题。

从煤炭到石油的这种转变过程中，美国利用第一次世界大战及随后的时间取代英国成为世界上最强大的国家。20世纪的许多冲突都与石油有关，包括德国在二战中对石油的迫切需要，这导致希特勒在很大程度上就是为了侵占巴库油田而入侵苏联。[199]此外，美国崛起胜出，是因为其惊人的储备，它能够充分地利用石油作为燃料资源。二战后不久，中东发现了超大油田，但是美英石油公司（所谓七姐妹，也即世界七大石油公司）设法控制了绝大多数的石油生产，至少一直到20世纪70年代早期，也正是在此期间美国的石油产量达到了顶峰。[200]就像普林斯顿地质学家肯尼斯·迪法耶斯注意到的那样，“美国石油生产单一最大年份是1970年”，而石油输出国组织（OPEC）（当时是阿拉伯石油输出国组织，

OAPEC)1973年发生了石油冲击，随后就是以色列与埃及之间的六日战争。[201]

20世纪70年代晚期，许多人都意识到能源的有限性，但由于20世纪80年代和90年代沙特阿拉伯有能力填满石油市场，所以对话的努力就中断了。这也导致了苏联的经济崩溃，然后是政治崩溃，接着里根政府、布什政府以及克林顿政府都中止了对石油、国防、媒体和农业企业的调节措施，并且取消了替代性能源拨款(alterative energy funding)。然而，21世纪早期，对石油峰值的认识提高了，正是廉价能源——主要是以石油的形式，不过也包括较小程度的天然气——的消耗和消失，推动着燃料价格和食品价格的上升，以及加剧由于房地产泡沫的破灭所触发的金融危机。正如迪法耶斯所解释的，1970年美国国内石油生产达到了顶峰，甚至阿拉斯加的普拉德霍湾发现了巨额储量可能也只不过是减缓石油生产的不可避免的下降，其下降采取的是高斯统计分析曲线的形式。[202]

在一篇重要的和具有远见的论文《核能与化石燃料》中，地壳地质学家金·哈伯特(M. King Hubbert)发展了这样一种被称为哈伯特曲线的逻辑曲线或对数曲线，用来图示石油生产的上升、顶点和下降。在他的这篇发表于1956年的论文中，哈伯特正确地预见了美国石油生产在1970年会达到峰值，进而推断了2000年的全球石油峰值。[203]当然，假设哈伯特曲线正确地模拟了石油的生产和下降，那么峰值的数据就依赖于存在的石油总量以及这些石油中有多少能够合理地被预期用来补偿。这些都是可以进行争论和反驳的，但是也存在大量的秘密和争议，尤其是涉及沙特阿拉伯特大油田的可采石油储量的数量，但是令人印象深刻的是哈伯特预测的总体准确性及其统计方法的可靠性。[204]关于我们是否已经达到峰值这一点仍然存在大量的争议，但是这并不意味着石油已经耗尽，不过峰值代表着全球石油生产的最大总量，无论是用天、月，还是用年来测量。当前，现有的最好证据表明，2005年是原油开采的最高记录年份，我们要超过这个极限几乎是不可能的。[205]哈伯特曲线——它的下降趋势非常接近地匹配了美国后峰值生产的下降，除去普拉德霍湾的激增外——解释了石油生产的下降速度是不可避免的，无论用新的方式发展多少技术以及在新的地点开采石油。在2005至2012年之间，石油生产——不管是用原油，还是用液体总量来衡量——大体上达到了稳定阶段，即使对石油的需求还在继续增长。[206]同时，石油出口变得更加稀少，更加昂贵，因为产油国包括沙特阿拉伯的国内需求也在持续上升。不管我们在技术上是否已经达到了峰值，目前的石油供应——尤其是容易精炼的石油、轻油和低硫原油——是更加稀少了，而这种稀缺是抬高世界石油价格的主要因素。

一直到我们于20世纪中叶达到人口和能源消费扩张的门槛时，遇到真正有限限制的可能性似乎仍然遥远，如果真的加以思考的话。只要我们坚定地行走在能源开发的上坡路上，并且成功地过渡到表现更好的资源，实际上就不存在任何问题。诚然，存在着实施创新的问题，但是它们都是可处理的和可解决的。当我们达到有限的最大能源开采的物理极限时，我们完全依赖于其可获得性约束，正如我们现在所了解的那样。

为什么石油如此重要，为什么其他燃料无法取代下滑的石油生产呢？理由是迄今为止石油提供了最划算的代价，最大的能源回报，它是用能源投入回报(EROEI)来衡量的。不断前进的技术革新可以和日益增长的能源转化能力成功连结的理由是一种具有迷惑性的简单关系：EROEI。这就是可以从一种与能量数量相关的特殊能源中有效提取的能量转化的数量。为了获得、提炼、加工、运输给消费者以及使用它，这些能量必须被花费掉。

直到大概从第10到第11世纪，伟大的欧洲人和亚洲人对森林资源进行开发之际，人类所有的努力都主要是通过大规模合作的人类活动和动物活动，以及利用水力和风力来实现的。于是，我们不仅利用森林资源来建设，而且作为新生的制造业、烹调以及环境舒适的热量资源来消费它。和前面那些建立在个体基础上却很少被记录下来的人类的、动物的、水力的以及风力的开发相比，木材的开采已经普遍地渗透到人类的经济活动中，并且以具有历史意义的方式使生产力猛增。木材资源可以做有用工作4倍于那种需要将之带到它可以被消费的地方，其能量投入产出比是4:1。

随着木材的开发，煤炭被发现了，于是先前具有历史意义的生产力扩大被超过了2.5倍，因为煤炭的能量投入产出比是10:1。当煤炭作为一种可行的和可扩展的燃料资源被发现时，遍布的森林采伐却产生了令人担忧的木材资源的不足。因此，人们就积极地寻找一种木材的替代者。结果，科学知识的同样进步就可以与技术的和能源生产力的收益协作联合。

就像地球上大多数形式的演变一样，能源开发的历史表现出一种漫长、迟缓且似乎静止的发展，然后当我们接近现在时，却又以指数的方式腾飞了。

一张开始于公元1635年的美国图表显示了我们愿意称之为"能源大楼梯"(energy grand staircase)的东西，也就是更新的和更富有成效的能源发展。(图6.1)

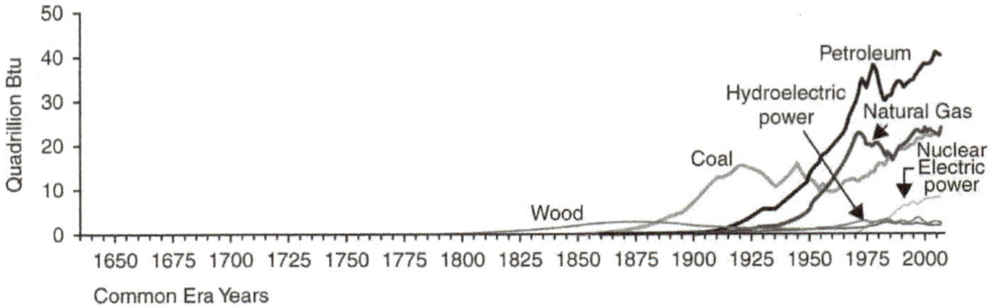

Figure 9: US Energy Breakdown in quadrillion BTU 1635—2000. (US Energy Information Administration)

虽然1859年前宾夕法尼亚州泰特斯维尔的天然石油和焦油存量都

举世闻名,但是就在这个有利的时机,人们正在普遍地寻找煤炭的替代者。煤炭脏、极其昂贵,而且很难为联合运输方法(intermodal transportation methods)提供燃料,尽管铁路拓展了。但是就运输技术而言,石油相对更清洁,也更容易被运输和运载以供消费。天然气虽然显著地比煤炭更清洁,但不幸的是,运输它来加以消费要更困难得多。正如前面阐述的那样,石油正在等待创新的恰当汇合与传播从而将人类的科研能力和进步推进到一个新的令人眩目的高度,而天然气作为用于城市/家庭夜晚照明、烹饪和环境舒适的鲸脂油供应的优秀置换者找到了有利可图的市场。19世纪晚期,石油非常容易获得,在地表附近简直都是喷涌而出。令人吃惊的后果就是,石油的能量投入产出比是150:1,其表现一开始就比煤炭好15倍。当勘探和开采进步到20世纪中期时,其能量投入产出比下降到仍然惊人的100:1。

简而言之,离开了由石油提供的廉价能源所带来的革命,当代世界就是不可思议的。不管是否考虑作为一个全球超级大国、经济全球化、技术革新、战争以及地缘政治的美国的崛起,我们的当代世界都是一个由石油推动的世界。由于碳氢化合物能源回报的这样一种非凡速度,直接的结果就是20世纪后期的技术革新以及所谓的全球化。所有种类的塑料都是由石油做的,计算机芯片的微型化以及纳米技术也是因为石油才得以可能。再者,20世纪60年代农业中所谓的绿色革命也是基于石油和石油推动的施肥、种植与收获方法的结果。20世纪的全球化以及经济和金融增长的惊人速度,也都是因为对廉价能源的越来越多的使用才成为可能。

不幸的是,虽然资本主义经济是建立在无限增长的可能性这个基础之上,但是考虑到有限的资源,人们不可能拥有无限的增长。石油,加上煤炭和天然气,都是化石燃料。它们是由4亿年前的石炭纪那些吸收了碳的植被沉积物所造成的。[207]我们正在以一种惊人的速度耗尽这些“古代阳光”的沉积物，而它们却不是可以替代的。一切生命都建立在能量转化的基础之上，不管是阳光、化学梯度，还是其他形式的生命。正如托姆·哈特曼(Thom Hartman)指出的那样，“这个星球上的每个生命形式都在这里，因为植物能够聚集阳光并储存它，而别的东西可以吃那个植物，然后获得那个太阳光能量以供给自身力量。”[208]

而且，我们发现自己处于一种危机状态：就像我们看到的那样，化石燃料是一种极其强大的能源，但它们是有限的，我们没有任何实际的替代物。这些替代物就其目前状态而言根本达不到化石燃料进行工作的那种水平。此外，由于不断循环的金融危机，我们将没有资本来资助那些需要以极大速度来替换我们的能源需要的替代性能源。

随着2010年墨西哥湾深水地平线号灾难(Deepwater Horizon disaster)的发生，无可争议的是，我们在人类历史上已经通过了一个重要的里程碑。容易开采的石油已经被榨干，只有那些非常难以开采的石油资源仍然可以用于人类的开采。当我们从焦油砂和深水中开采越来越多的石油时，按照能源投资回报比，其生产率不可逆转地从50:1下降到最终的1:1以下。当我们越过那个门槛时，我们将发现自己确实是破产了。[209]石油的总体性全球下降确定无疑。这就是一个相对简单的数学题。[210]石油时代已经结束了，随之而来的是，对经济的乐观信赖以对无限增长的预言为基础。一位评论家在涉及这种不确定的未来时冒失地(cheekily)评论道，“我认为，我们已经来到了这个被称作碳人(Homo Carbonicus)——碳氢化合物人(Hydrocarbon man)，你也可以这么说，可能会在本世纪灭绝——的终点。不仅是他可能——他会在本世纪灭绝。在碳氢化合物人之后我们是否还拥有另一个物种，这一点还不确定，但是我们可以保持乐观。”[211]或者并不那么乐观，如果我们仍然顽固地保持在这条依赖碳的道路上。我们或许可以将我们在过去350年中进化而成的现在物种称为碳人。当碳人灭绝时，我们能做些什么呢？正是如此，我们一直在做的——进化……再来。

核燃料被认为就是下一步，但是它紧接着煤炭发展，然后是石油发展之后迅速发生，以至于它的许多意义都被忽视了。就其目前状态而言，即使是和第四代反应堆一起，核能也缺乏与石油和天然气竞争并取代它们的能力，更不用说处理放射性废料的问题了。正如大卫·古德斯曼（David Goodstein）——加州理工学院的物理学和应用物理学教授，以及《燃料用完》（*Out of Gas*）一书的作者——在2004年的一次采访中说的那样，"你们可以建造1万个最大的发电厂，为了替换我们今天还在烧的10太瓦化石燃料，按照技术标准它们是可行的。"[212]这样的核电厂需要巨大的资本投资和许多年来建造，在一个通货紧缩的环境下这又是极其困难的。核能许诺了"便宜得没法计算的能源"，但是通常都让人失望。关于核聚变，存在着各种空洞的承诺和白日梦，但是我们尚未理解或掌握核裂变。哈伯特的1956年论文也讨论了核能，他认为这是解决不断下降的能源储备所在的领域。

令人遗憾的是，现在所设想的热核能还无法胜过现代的热煤发电。正如迈克尔·马里奥特（Michael Mariotte）在2010年《纽约时报》的一篇文章中解释的那样，"核反应堆没有经济学意义。"[213]他是从废物处理的实际价值来说的，这些东西不会被列入补贴经济中，但是实际上讲，它们也没有什么意义，因为反常的抑制因素是热核电力成本是出售价值为每千瓦小时12美分，而热煤电力要4美分。更重要的是，热煤的能量投入产出比是10:1，而热核则是4:1。成本差异几乎等同于能量投入产出比差异，这并非偶然。但是当它被设想为煤炭以及其他的碳氢化合物的可行的非碳选择（noncarbon alternative）从而对抗全球性混乱气候变化时，就物理的和经济的方面来说，追求热核能并不实际。这就是为什么我们需要超越热量思考从而解决我们面临的碳问题的原因，这样我们就能够发展碳和碳氢化合物的真正替换者。

当代核能问题，以及替代性能源的问题，包括太阳热能/光电的、风力发电、水力发电，从能量投入回报比的角度说，它们也比化石燃料提供的能量少。伴随这些可再生能源替代者的间歇性发电和低弥散性输出，以及在热核能的情形中其过分昂贵的代价，它们在能量投入回报比上也都不比4:1好到哪里。因此，它们都没有更好的机会胜过两个多世纪前的木材开发。这就是主要的问题，即使考虑那些再生技术的明显优势。除非我们能够想到一种可以胜过石油的新技术，否则我们这个依赖于复杂技术的社会不可能得以幸存，因为灾难即将来临。

我们的方案是，发现一种新的利用核能的可能性，同时将贫乏的核裂变资源转化为极其丰富的肥沃资源，并且在能量投入回报比上要比热核的4:1做得好得多。有多好呢？大卫·古德斯坦，一位加州理工学院的物理学家，认为即使按照一种依赖于热的观点来看，核聚变也是人类未来最长远的希望所在，如果由核聚变来转化，1加仑的水将等于现在300加仑汽油的开采。[214]按照汽油的能量投产回报比100:1，那就会显著地提高到30,000。考虑到过去350年的历史，如果从木材到煤炭的转变使能源生产率增加了2.5倍，然后从煤炭到石油，它首先就增加了又一个15倍，然后是10倍，然后从石油到核能的飞跃则有望实现另一个300倍的飞跃，那么可以合理地推测，按照能量的投入和回报比，期待中的去热化核技术的飞跃，将会在25—30倍的幅度之间。

我们赞成古德斯坦的观点，即核聚变是我们未来最长远的希望，但是过去的350年教导我们，我们还无法从石油燃料资源到达核聚变。首先，我们需要成功地开发核聚变能源，来改变对碳和碳氢化合物的依赖，从而到达我们能够展望核聚变成功发展的地方。甚至时任能源部长朱棣文(Steven Chu)也承认这一点。他在劳伦斯利福摩尔国家实验室(Lawrence Livermore Laboratories)国家点火装置指导了核聚变试验。然而，包括朱在内，没有一个人清楚地认识到如何将科学的平衡点以及更大的能量释放转化为有用的发电量。

这也是现在与核裂变有关的相同状况。2006年，美国原子能委员会宣称，目前的技术并不是替换对碳和碳氢化合物依赖的可行的长远之计，除非人们在超越当前热核技术的核裂变技术方面做出实质性的突破。但是古德斯坦走得更远，他明确宣布即使一切热碳和碳氢化合物的发电量全部转化为现在的热核技术，我们的裂变铀的供应也将仅仅持续10—20年。[215]这意味着，可能也没有留给后人可用的核裂变同位素了。实际上，所有这些资源都会消失，留下巨大的有毒废料伴随人类数万年。

在下一章中，我们会提出一种重新设想核能以及电力生产的激进方案。即使这个观念没有成功，它也将成为我们现在需要的彻底的变革性思维的范例。这个方案的最有趣的方面是，问题的解答就建立在对地球的新的理解之上。

第七章　一个关于核能的激进方案

正如上一章所勾勒的那样，我们正处在一个事关目前范式和能量使用的危机时期。正是考虑到这个危机时刻，我们提出一个有关能量的彻底新的和不同的思维方式。直率地说，我们没有能够跨越核门槛的理由是因为我们固执于一种热力学模式。我们知道如何处理核能的唯一事情是制造锅炉或制造炸弹，用它作为燃料来加热材料，或者给爆炸物加燃料从而使材料爆炸。[216]从火到石油，我们关于燃料的首要观点是作为一种产生能量的方式。蒸汽机燃烧燃料，即原始的煤炭，来烧水以及转动车轮。大多数人混淆了能量与热以及带有太阳热量的阳光。对于核电站来说，我们使用核裂变材料来加热诸如水这样的介质，然后用它的蒸汽转动发动机。但是如果热量不是产生能量的核心问题，而是副产品，那么就将如何呢？我们需要的是一种新能源范式。

在19世纪后期，热力学，尤其是其第二定律解释道，熵是任何能量系统的结果，在一个封闭的环境中它总是倾向于从有序到无序。能量转化发出热量，正是通过发出热量和燃烧可燃资源，人类才能产生巨大的能量。最终，虽然燃料极具生产性，但这是一种不经济的努力，因为作为热量的能量损失得比用于工作的还更多，这就是熵的含义。今天，由于对二氧化碳产生的太阳辐射的吸收，难以置信数量的矿物燃料的燃烧正在增加全球温度。[217]热量从字面上说就是燃烧这个星球，由于民族国家和企业选择欺骗和否认而不是做出高代价的和政治困难的改变，这种人类工业驱动的全球变暖正在不断地加剧。

为了获得这种新能源范式，我们需要彻底认真对待爱因斯坦。我们需要超越热量而思考。不是否认热量，而是在其障眼物之外思考。然而，这很难做到。考虑一下洛基山研究所的商标，头像是其先驱CEO埃默里·罗文斯（Amory Lovins）。虽然我们承认他的成就，但是他的机构商标说明了一切：一束火焰加上一灯照明。我们欣赏这个隐喻性姿态，但是这个印象的推力是紧紧抓着一个过时的观点不放——依赖热量的观点。这不会把我们带到我们需要去的地方。什么会呢？

爱因斯坦在这个转变过程中扮演了一个至关重要的角色：

> 这样考虑是不太公正的，即认为新的场域观将科学从旧的电流理论的错误解放出来，或者新理论摧毁了旧理论的成就……用一个比较的话，我们会说，创造一个新理论并不像毁灭一个旧的谷仓以及在其位置上建造一个摩天大楼。它毋宁说像是爬山，获得新的和更广泛的观点，发现我们的起点与其丰富的环境之间的意外的联系。[218]

正是沿着这些路线，我们提议从热量上转移注意，并且超越它而思维。

开始超越热量而思维的唯一重要之地是，回到爱因斯坦的奇迹年（Annus mirabilis）或奇迹年论文集。大多数人都是熟悉狭义相对论，即使没有完全理解。[219]但是还有爱因斯坦发表于1905年的另外三篇值得考虑的重要论文。一篇讨论的是光量子的光电效应，它证明了光子的存在，并成为太阳能光伏发电的理论基础。[220]另一篇则用公式表达了那个不可磨灭地与爱因斯坦联系在一起的著名等式：$E=mc^2$。[221]

余下的一篇论文解决的是用数学方式来分析和压力、温度以及体积相关的随机性布朗分子运动。[222]实质上，爱因斯坦构造了一种解释热力学的分析方式，附加的好处是证明了原子和分子的存在并且以电磁的方式来思考热力学。这是走向思考超越热量的物理学的必要的第一步，厄温·薛定谔将采取这一点并加以扩大。[223]19世纪晚期，伊利亚·普利高津(Ilya Prigogine)认识到，19世纪的热力学只涉及平衡热力学或平衡过程的一种非常特殊的情况，它导致热量的一种稳定状态。他更感兴趣的是非平衡状态的过程部分，并且意识到大部分时间里大多数情况下我们都生活在过程状态中，几乎从未处在稳定状态里。[224]可以自信地说，稳定状态是死亡的条件，但是这还不够充分，因为即使那个时候不同的过程也在开始。所以一个21世纪的热力学一般陈述可以说是处于一个非平衡的连续体。[225]混沌的复杂性也涉及非平衡过程，正是这些洞见说服我们，19世纪的热力学概念可以被重新思考。[226]

我们现在能够看到，热核技术是完全令人失望的。在350年中头一回，一种新能量技术以及支配性能源不仅没有运行，而且承诺只是以微弱的1/25表现得还不如它。很清楚，这是不可行的。为了得到一个可行的方案，我们需要重新看待几个原则以便看出我们如何可能得到某个有用之处。当思考无热核技术如何会被胜任地设想出来时，可以合理地环顾一下我们周围。就像我们在第五章谈到某种“道德地质学”那样，这里我们也可以说说一种能量地质学。考虑一下地球，尤其是我们的地球拥有一个适合于生命的磁场这个事实，以及将地球与月球和其他附近的行星诸如水星、金星和火星区分开来这一事实。问题是，为什么？如果我们正确地回答这个问题，那么我们将同时拥有关于无热核技术的答案。

地球的磁场是一个麻烦的难题。凭借所有标准的电磁解释，它都不应该存在；但是它确实存在。19世纪的电磁二元动态模型占据支配地位，直到皮埃尔·居里(Pierre Curie)证明它是错误的。地幔或地核中的物质(大部分是铁)都是热的；比它们应该保持的磁场——铁磁性——或导电——压电性要热得多。这些物质不能在超过居里温度之上导电。直到我们开始推测地球内部主要是铁时，我们才认为巨大的电流产生了磁场。

下一个浮出水面的问题是，电流是从哪里来的？它是如何产生的？没有任何好的答案会即将来临。我们仍未了解的某种神秘的电和磁之间的相互作用对此负责，这种互动被给予了磁流体动力学（tokomak plasma fusion experimentation）这个名称。

所以，我们现在有一个占位符号观念（placeholder idea），虽然不是一个非常适合的观念：加热的铁/硅酸盐流体，其运动产生一个和地球的旋转以及流体内部运动（也叫磁流体动力流，magnethy drodynamic fluids）有关的地球磁效应。[227]但是问题仍然存在，它是如何带电和磁化的？第一个不可否认的结论就是，不存在驱动全球磁效应的电流。这个问题的第二个（不是这么明显）答案是，热的内在流体被磁化——就像“磁流体动力学”所明显暗示的那样——但是并非传统的也不是铁磁性的。居里的洞见就是这个问题。超过居里温度——铁磁性物质将不再能够保持传统的磁场所处的点——通常铁磁性物质不再照例被磁化。但是，超出居里温度，任何铁磁性物质都能不依惯例地被顺磁性化，只要存在一个连续体的——虽然不是连续的磁驱动。

于是，从这个连续体磁驱动假设产生了两个问题。首先，热磁流体动力学物质——如果顺磁性化——会绝望地混杂在一种全球随机化的混合物中，在这里所有极小的磁运动都会相互取消，使得一种全球偶极磁效应变得不可信。在这种情况下，这种物质如何产生一种全球磁效应呢？其次，自然发生的过程可以成为地球拥有的磁场的可信生产者？这些都是关键的问题。

虽然这一点是对的，即顺磁性是一种公然反抗传统思维的混沌的磁状态，但是如果有人知道物质是如何自组织的，那么要为地球的磁偶极场负责就并不是不可信的。物质是热的这一点不是至关重要的，虽然它们当然如此。所以，让我们看得更深刻些，以一种非热的方式超越热量。

盐构造研究指向一个答案。这些研究确凿地表明，在物质运动着的情况下，热量仅仅是其被观察的结构的众多表现之一。[228]不同物质中的密度梯度显示相同的运动模式和动力学。所以，把热量和密度进行互换考虑是可能的。不管是从热量变化还是密度变化方面，物质都显著地表达了相似的结构，它们运行着从而最有效地降解，以及最终摧毁那些密度。在其论非平衡热力学的重要著作《进入清凉世界》(*Into the Cool*)，埃里克·施耐德(Eric Schneider)和多里恩·萨根(Dorion Sagan)创造了一个恰当的短语，"自然憎恶梯度"，作为一种重述热力学第二定律的方式。[229]将这个公式与最小作用量原理(principle of least action)结合起来，于是突然间，一种对自然发生的、要最有效降低和摧毁梯度的自组织结构的貌似合理的解释——无论它们会是什么——就变得似乎可信了。

这对于我们解决顺磁性随机性问题有什么帮助呢？目前对随机性的理解预设那个和19世纪热力学完全相同的错误。从一个非常具体的特殊状态普遍化到一个包括一切的普遍公理，这是不正确的。实验室里的顺磁性和地球内部的顺磁性完全不同。在一个完全随机化的状态中，物质不是保持停滞状态的。它们以高度组织的结构移动，最有效地降低了地球内部的梯度。这些极端自组织的运动建设性地将极小的顺磁矩排列起来，从而产生了那个包括一切的全球磁偶极场。[230]

在这里，我们得到了这个答案，即以最有效的复杂自组织梯度降解结构运动的磁体动力学物质是如何产生全球磁偶极场的(分子实际上就是借此自组织起来的)。这种自组织是最小作用量原理的产物。分子就是顺其自然。它们的自组织排列碰巧产生一个副产品，这就是一个纯粹的全球磁偶极场。几十个这样的虹吸结构映射着以五边形和六边形砖形式连结起来的球体。[231]

这种自组织的一个值得期待的表现就是，周期性地在地质年代表上地球的磁偶极子会自我降解，重新结构为一个磁极反转的过渡阶段，然后突现为一个相反的偶极。[232]这就是被确认为地球的地质史上的大西洋大裂谷案例。对出自裂谷的岩石的东西向深水考察表明，铭刻的磁迹与这个观念是一致的。地球的磁偶极场的确反转了很多次。人们曾经假设，地球正处于这样一个偶反转中间，考虑到过去400年对地球磁场的观察表明它已经减弱了20%。[233]

第一个问题，即物质的顺磁性结构如何能够产生全球磁偶极场，是由自组织的高度结构化的磁流体动力学的流体系统假说来回答的。这个运动起初又是如何开始的？这是压力、密度和温度梯度的结果，它们过去和现在都已经存在。[234]这个假说忠实地符合现成可得的证据。

但是如果不存在任何电流，那么磁性又是从何而来呢？[235]我们的假说来自理查德·费曼（Richard Feynman）和穆雷·戈尔曼（Murray Gell-Man）于1957年发展的理论。[236]实质上，他们从理论上阐明，每次当裂变核原子发生裂变时，它会射出一两个中子，几个亚原子粒子，包括一个反中微子，两半原子核……以及一个自发的磁矩。如果这个理论是正确的，那么这将解释了地球磁场的持续的（continual）——虽然不是连续的（continuous）——驱动者。

磁流体动力流被核裂变的衰退链互动（fissile nuclear decay chain interaction）持续不断地顺磁化。就像酵母在面团中发酵面粉一样，可转化为易裂变物质的和易裂变原子核的元素被彻底地拖进铁/硅酸盐地幔/地核的母体材料中。这些相互作用一次做许多事情。它们在加热磁流体动力学的流体，它们依次驱动密度梯度结构的形成。它们连续地顺磁性化这些相同的流体。这种以流体形成的自组织有效梯度降解结构建设性地把顺磁矩排列成全球磁偶极场。

虽然这种在热力学范式之外思考能量的方案仅仅出现在它的最早

时期，但是它已经产生了一种潜在可行的科学理论，我们认为这一理论具有革命的可能性。[237]基于这种理论，它有可能构造一种无热核能发电。但是我们如何做到这一点呢？我们能合成何种物理机械构造物呢？

我们的推动力来自于对吉尔·德勒兹的巨著《差异与重复》的解读。德勒兹提供了一种鼓舞创造性跳跃的哲学方法论。模仿一种机械核心的热磁流体动力学流体将是极为不实际的。然而，德勒兹的断言“整个世界就是一个鸡蛋”提供了一种似乎可靠的朝向将来的方法。[238]许多专业学者会推测，德勒兹是在隐喻性地说话。对于这些没有在科学方面受过很好训练的学者来说，这似乎像是诗意许可证(poetic license)。但是如果你是的话，那么就可能把德勒兹理解为实在。[239]一旦被承认为真，那么一个极富吸引力的结论就产生了。

经典电磁二进制原理广为人知：一个电场(electric field)会将一个作为结果而产生的磁场呈直角扩展到这个电场，反之亦然。这就是那个普遍的右手法则。基于对《差异与重复》的第五章和《千座高原》的第三章的仔细解读，我们能够说，在一个三维物质中的密度和压力梯度可以正确地被思考为一个地层的分层(stratigraphic layerings)。[240]它们可以被组织进一个实际的机械构造，这种构造拥有完全可扩展性这个额外优势。这就是这个观念的核心：一个由嵌套式半球构成的模拟地球内部物质的核心。这个嵌套式半球被排列成相互3个轴90度。[241]3个轴相互呈直角，当半球壳(hemispheric shells)相互之间作顺时针方向旋转和逆时针方向旋转时，地球内部的自组织结构运动。这种动力学核能发电会导致一个相称的“全球”磁场，就和地球所做的完全一样。

这种新的动力核心成为一种新的发电机的直驱磁铁。在19世纪的发电机中，工业等级的永恒磁铁包围着一个卷铜线的旋转电枢，它引起电流并产生电。现在，易裂变/裂变(fertile/fissile)的快中子动态核心是旋转磁铁，它为卷铜线的静止透镜所包围。这个动态核心的磁铁引起线路中的电流，并尽可能直接来自于实际的易裂变/裂变的相互作用产生电流。电流是从这个结构中收获的，正如地球产生其磁场，并产生大气电。这个过程一直持续到所有的易裂变核元素被转换为裂变核元素，然后彻底耗尽。

这就是德勒兹的陈述不是隐喻性的原因。假如没有地球的磁场，就没有任何生命可以存在，更不必说以一种进化论的方式长期发展。磁泡(magnetic bubble)形成了一个像鸡蛋一样的具有相同功能的保护壳：保护内在的繁殖力。我们需要发现成功转换我们目前的能量资源，它们主要是给我们的人类经济活动添加燃料——矿物燃料——目的是为了一种显著改良的能量技术，这个技术驱使我们进入一个真正无碳的未来。这为我们下一个创新性扩展提供了资源，而我们也同时开始清理目前我们利用大气层的困境。

获得能量突破的唯一方式是以地球为模型。磁性是电的关键，而地球的磁场仍然了解得不清楚。假如没有磁气圈(magnetosphere)，我们就不会有大气层或生命。我们认为，由于压力，磁场产生了密度和热量梯度差异，它产生了科里奥利运动(coriolis)和对流运动，裂变核元素在其中解体。这种放射性衰变产生了磁矩，就像费曼和戈尔曼从理论上说明的那样。通过相互作用产生的这些巨量磁矩的总数被边缘和核心中的运动顺磁性化了。这个连续的顺磁性创造了地球的反常磁场。

如果这个假说是正确的，那么就有可能构造一个模仿地球的模型生成器(model generator)，它带有一个由嵌套式外壳构成的动态旋转内核，这种外壳还夹杂着一些核材料。这种可裂变的和可转变为易裂变的材料在其运动和相互作用中会产生一个强磁场，从这里我们可以引起电。如果成功的话，这种技术是完全可以攀登到的。需要做大量的工作来测试这些假说，建造计算机以及随后为这样一个发电机做物理模型，但是我们认为这是一个真正有前途的新颖观念。当然，我们之所以愿意考虑、发展和提出这样一个非传统观念的一个理由就是由于能源开发而导致我们所处绝望处境，这在上一章中已经概述过了。虽然这并没有成功，但是有必要探究像这样的激进观念，它有可能提供。如果我们没有成功，那么就不仅是发展，而且仅仅是维持我们许多人现在所拥有的物质生存都将变得更加困难。

所以，我们发现自己似乎是在一个悬崖峭壁上：毁灭还是新生。我们认为，如果这个激进方案是正确的，那么它就只是走上能量大楼梯（energy grand staircase）的下一步。我们能够成功地把我们的总体热量取向（collective heat orientation）转变为一种新的超越热量取向（beyond heat orientation）吗？我们需要这么做。我们必须超越下一步而进入一个无热的核世界。

在《黑客帝国》三部曲中，瓦霍夫斯基兄弟（Wachowski Brothers）出于一个非常好的理由为尼奥（Neo）选择了第六个迭代（a six iteration）。这第六个迭代预设了前五个关于不确定表述的道成肉身，这个表述产生于《黑客帝国》中的数学"完美"。《黑客帝国》的前五个大规模灭绝发生了。对每个人来说，存在着一个由尼奥引导的随之而来的凤凰般从灰烬中重生，就像地球。我们就是我们这个时代这个星球上的不确定表述"尼奥"。正如尼奥向设计者（the Architect）宣称的那样，"问题是选择"；设计者回答道："正是如此。"[242]我们面临着同样的选择问题。我们要么解决提出给我们的这个问题，同核（Homo nuclearus）会为我们在这颗星球上引入一个新的可行的未来。要么则否。

不管我们选择得正确与否，不管我们作为人类是否继续存在下去，每个事物和每个人都是基于一个接近残破的对称，一个阻止双态现象的旋转和自旋。这种自旋容许运动，电磁驱动着我们——亚原子粒子、氨基酸、人类、晶体、树木，等等——到处跑。新唯物主义是一个充满活力的、动态的，它既拒绝顽固的还原主义，也拒绝超验主义的、新时代的神秘主义。这种能量真的就是黑格尔的灵魂（Geist），它是完全物质性的，完全内在于我们并作为我们。与热量截然相反，能量就是内在的黑格尔的精神，它是过于外在的、超验的和神学的。我们目前能量危机——它也是一个信仰的危机——的答案就是地球。通过我们，地球成为它自己之所是，如果我们有远见和勇气去实现它的话。重要的是，黑格尔的精神也是德勒兹式的。地球认为它是谁呢？地球，就像世界一样，是个鸡蛋，这个鸡蛋是由能量强度（energetic intensities）、时空活力（spatiotemporal dynamisms）和层状地层（layered strata）所构成。如果能量是实在，那么我们就需要一种新的思考存在的方式，这是下一章的主题。

第八章　存在(大脑)

古希腊哲学家亚里士多德在他的《形而上学》第四卷中追问存在的问题。他的任务是“研究作为存在的存在”[242]。从根本上说,存在指的是实体,但是有多种多样的实体以及“许多意义,其中事物可以说是去‘存在’”[243]。亚里士多德断言,存在是作为一种多样性或多元性而实存的,而不是作为一种简单的统一性。所有的人在天性上都渴望认识存在,或所是者(what is),但是答案并不容易,并不简单,也并不是自明的。在本章中,我们将确认存在就是能量转化,这也是前几章的结论。同时,我们会提出,作为能量的存在也就是成为一个大脑,这不仅意味着生理性的大脑,而且意味着复杂性的可能性,亦即存在的褶皱(fold of being),它采取的形式就是吉尔·德勒兹所称的时间–影像(time–image)。

能量采取形式,而这些复杂的形式允许思想,但思想不可以还原到人类的或动物的意识;它在本质上完全是物质的。虽然这一点似乎是非常反直觉的,但这并不是一种蒙昧主义的或神秘主义的说法,而是对我们通常所指的大脑和思想的扩展。能量就是存在,但能量形式的复杂性正在或已经成为一个大脑。为了理解这一点的含义,我们必须简要回顾一下从海德格尔到德勒兹的20世纪哲学对存在的思考。

20世纪的德国哲学家马丁·海德格尔复兴了亚里士多德提出的存在问题或本体论问题。海德格尔追问存在的问题,即所是的问题,他提出了特殊存在者之外的存在自身是什么的问题。他使用存在论差异这个表述来命名特殊存在者(particular being)与存在自身(being in itself)之间的差别。在某种意义上,我们关于能量和大脑之间的区分类似于海德格尔关于存在(能量)与存在者之间的区分。这就是存在的褶皱,也即一个事件或者一个时间-影像的构成,它最终包含的是成为一个大脑。在他的杰作《存在与时间》中,海德格尔最后说道,存在"是"时间,或时间性(temporality),对人来说,它意味着表达操心(care)和烦(concern)。人的本质,或那个能够追问存在问题的存在者(海德格尔使用此在这个技术性术语)的本质就是操心。我们能够将自己沉浸于生存之中,因为它是有限的和暂时的,因此,"操心结构的原始统一性就在于时间性"[245]。除了表达具有有限性本质,或者海德格尔所称的"向死而生"的时间性的结构,他也主张存在主要在语言中显示自己。

语言的问题,以及理解语言和实在之间关系的问题是20世纪哲学的最重要主题。按照德国哲学家尤金·哈贝马斯的观点,我们可以宽泛地把西方哲学史看作是从存在哲学(它指的是从古希腊到中世纪这一时期)过渡到意识哲学(它和从笛卡尔到19世纪的近代哲学有关),再到语言哲学(它刻画了所谓的语言学转向之后20世纪哲学的特点)。[246]伴随着语言学转向,理性不可分割地植根于语言之中。对于海德格尔来说,作为说和显示,语言揭示了存在,因为存在是在语言中以及通过语言揭示自身,故此"语言是存在的家"[247]。

对于海德格尔以及后来的法国结构主义(包括诸如莫里斯·梅洛-庞蒂这样的哲学家,诸如克劳德·列维-斯特劳斯这样的人类学家,以及像雅克·拉康这样的精神分析学家,他们也都依赖于费尔迪南·德·索绪尔的著作)来说,存在从更为根本的意义上是用语言,以及最终的描述了人类心灵特征的精神过程来理解。语言构造实在,而实在采取的是人类意识的非此即彼形式。也就是说,我们用对立性的术语来看待世界,如上或下、黑或白、生或熟、内部的或外部的，等等。这些对立由于语言的本质而被构造在意识之中。这是一种自然的和生理的过程，即使语言也是允许人类文化发展和存在的东西。

这种对语言的强调也描述了后结构主义、后现代主义以及解构的特点，它断言没有任何通向存在的简单通道，而不经过语言作中介的。后结构主义哲学注意到从那种二元对立中所遗漏的东西，试图追究任何使对立性思维成为可能的东西的根源，而解构则提供工具以质疑二元运算的非此即彼逻辑，这在信息论以及二进制计算机代码中也起作用。例如，在他的现在已成经典的著作《后现代状况》中，让-弗朗西斯·利奥塔(Jean-Francois Lyotard)宣称科学知识不可能从语言叙事中摆脱出来；进一步说，这些叙事内在地就是具有冲突性的。不存在任何支配一切的理性或元叙事，它们会容许我们裁决或宣判由知识的不可还原的多元主义条件所作的各种断言。[248]"存在"采取关于存在的叙事形式，这是对语言学转向的主观结论，我们并不拥有语言以外的方法来解决关于存在本质的语言学断言。

现在，我们并不想减少或从主观上取消语言问题及其与实在关系的难题。同时，我们需要工具来超越语言和实在的内在对立而思考，仿佛语言将存在还原到可以在人类的言语中被说出的东西，而这是琐碎的。再者，我们想要避免后现代主义有时会落入的主观主义陷阱，它意味着关于实在、生命和生存的所有论断都完全是主观性的，在说或感觉某物的主体之外不拥有任何内在的意义。在这种情境中，我们坚持阿兰·巴迪欧的著作《存在与事件》及其将存在从语言中分离开来，或对纯粹的语言存在的局限性进行批判的重要性，虽然我们会对他的一些结论有所节制。

对于巴迪欧来说，存在是数学，或者"数学是本体论——作为存在的存在之科学"[249]。巴迪欧以一种柏拉图的方式肯定了数学关系的实在性；也就是说，数字比事物更加实在和更加普遍。同时，从康托尔（Georg Cantor）到柯亨（Paul Cohen）的20世纪集合论证明了集合是由无限不可化简的重数所构成，它意味着不存在任何支配一切的统一性（unity）或一者性（oneness）来建立数学实体中的秩序。存在就是数学形式的重数，而事件超越存在发生。事件以一种单一的和不可还原的方式从无限的存在中减去数学的存在。人变成了主体，从精确性（fidelity）到事件的单一性。[250]

巴迪欧是最重要的当代哲学家之一，由于许多原因，他的著作影响力很大，也很具有煽动性。巴迪欧否定语言学转向，他批判存在"向语言的屈服"，但是他的哲学最终是过于极端了，而且是二元论的。[250]根据理论物理学家李·斯莫林（Lee Smolin）的观点，和物质的基本状态相比，我们是极其大、冷和慢，而与存在的物理学相关的巴迪欧的数学本体论则是太大并且太冷，与其说它是亚里士多德的，还不如说它是巴迪欧的柏拉图主义。就像斯莫林指出的那样，和粒子物理学的"根本世界相比，我们的世界是不可思议的大、慢和冷"[252]。大爆炸与其说是一个爆炸，倒不如说是一个事件，这个事件"导致宇宙区域戏剧性地凉下来并且结冰"[253]。虽然数学是一种难以置信的将生存加以形式化的重要方式，但是它也只是在作为这种"冰冻"空间和时间的结果时才是可能的。巴迪欧的数学本体论是一种冰冻了的本体论，这就是为什么他需要事件这个概念来使生存变成动态的。

通过回到由亚里士多德原初构想的存在，我们能够接近一种将存在作为不是原子主义的不可还原多重性的存在的理解。也就是说，不存在不能被还原为当代粒子物理学中的组成部分（building blocks）或最小比特（bits）。斯莫林解释道，存在不是支撑存在者的空间-时间 的背景。存在是生成或者空间-时间背景的演变，而且采取能量的形式。如果用亚里士多德的措辞，能量就是实体。但是要用当代新唯物主义的习语来说的话，我们必须把能量说成是从电到磁场的转变。一切生存和一切生命都是借助于能量转化和转换来工作的。我们坚持认为，能量比数学更为根本，无论数学有多么强大，但是作为将实在概念化的工具，它仍然是太冷了和太静了。作为数学本体论，它是一种冰冻的本体论。巴迪欧的柏拉图主义仍然是二元论的，因为它将实在分成数学本体论和事件两部分，它们似乎是从无中突然冒出来的。

为了一种实在的替代性概念，一种使能量成为根本的概念，我们直接转向理论物理学家斯莫林的著作。在他的更容易理解的著作中，斯莫林证明了爱因斯坦对当代理论物理学的持续关联。在其著作《通往量子引力的三条道路》，斯莫林表明量子引力是如何循环地产生于“爱因斯坦的广义相对论的基本原则”[254]。斯莫林解释说，20世纪晚期物理学的基本问题就是怎样把量子力学的结果与爱因斯坦的相对论加以整合。按照狭义相对论的观点，不存在任何关于空间和时间的绝对参照系。当一个东西在真空中接近光速时，二者都会根据不同的坐标系发生变化。正如爱因斯坦指出的那样，“自然的普遍法则都是洛伦兹变换（Lorentz transformation）的协变量”，在这里，洛伦兹变换就是表明如何将一个参照系翻译成另一个参照系的方程式。[255]广义相对论于是就把高斯坐标应用于引力场用以表明，“一般来说，在引力场中光束以曲线形式传播”[256]。广义相对论意味着，空间的几何体并不是固定不变的，而是弯曲的；事实上，质量是或者表达了空间-时间的曲率。

现在，理解广义相对论的一种方式就是建立一种包罗万象的宇宙空间-时间，它把所有特殊的、相对的坐标系都包括在内。我们同意斯莫林的更为激进的观点，这就是实际上空间和时间都是依赖于背景的并且是发展进化的。量子引力将广义相对论的洞见应用于量子色动力学（Quantum chromodynamics），它注意到把夸克结合在一起的力。夸克是“由称一个场，亦称量子色动力学场（QCD field）的量子化通量线（quantized flux lines)所构成的弦(strings)结合在一起”,斯莫林写道,“它们类似于超导体中的量子化磁通量线(quantized magnetic flux lines)”[257]。这些弦成为弦理论的基础,这种理论在20世纪80年代和90年代的大部分时间里都支配着理论物理学。然而,斯莫林认为,弦线和场只是谈论相同现象的两种方式。他解释道,肯尼斯·威尔逊(Kenneth Wilson)用晶格(lattice)来设想夸克、弦以及它们在空间中的互动。晶格是一种构成弦的基础的结构,这些弦把夸克连结到一起。弦以及它们的夸克的构成于是就被称为循环(loops),它们发生在晶格上,所以晶格就被认为是空间(和时间)的基本结构。斯莫林所做的就是拆解晶格,使循环从任何空间-时间的背景结构中解放出来,这种结构相反是由“动态演进的关系网络”构成。[258]

当他试着用数学的方式来对“某种非常像电子超导图像”,但是没有晶格作为背景,斯莫林发现了“量子引力理论的完全方程式的精确解答”[259]。斯莫林发展了一种无需任何背景依赖的纯循环理论,这些循环定义在时间中演化空间自身。后来,斯莫林用罗杰·彭罗斯(Roger Penrose)发展的自旋结网圈(spin networks)来把他的结果加以公式化。在《量子引力的三条道路》中,斯莫林并没有反对弦理论本身,但是他的确解释说,就其目前的形式来说,弦理论“没有重视广义相对论的基本教训,即空间时间不是别的而就是一个关系的演化系统”[260]。在后来的一本著作《物理学的麻烦》中,斯莫林重复了对弦理论的这种批评,他还描述了弦理论已经到达的绝境。弦理论产生了一些难以置信的迷人结果和漂亮结果,但是它并没有在实验上得到验证,而且一些物理学家正在达到对整个弦理论模型的失望点。

除了其成问题的背景依赖之外,作为对宇宙加速扩张的观察的结果,弦理论也被1998年暗能量的发现所困扰。暗能量可能组成接近3/4的宇宙质量,与组成暗物质的小于1/4的以及不足可见物质的5%—6%

的质量截然相反。正如斯莫林解释的那样,解释暗能量的一种方式就是结合宇宙常量,即一种把物质拉在一起的力。爱因斯坦最早引入宇宙常量来保护相对论免于它的一些更加令人不安的结果;后来他宣称诉诸于宇宙常量是他的最大的一个错误。具有反讽意味的是,爱因斯坦关于宇宙常量的存在可能是正确的,但是出于错误的理由。[261]斯莫林说:"弦理论并没有预见暗能量;更糟糕的是,被发现的价值对于弦理论来说也是很难实现的。"[262]

斯莫林在《物理学的麻烦》中强调的另外一点(在《量子引力的三条道路》中则是含蓄的)是,按照广义相对论,不仅空间在时间中演化,而且时间自身也在演化,其内涵是摇摆不定的。相对性一般被理解为四维空间-时间,但是从本质上说,时间和空间之间的这种可转换性的结果是将时间空间化,冻结它或使之中性化。如果宇宙的根本实在能够被表达为空间-时间,甚或卡拉比-丘流形(Calabi-Yau manifolds)的依赖于背景的循环,那么就像斯莫林断言的那样,空间-时间自身伴随着宇宙一起演化。他在《量子引力的三条道路》中说,空间的几何体在演化;它不是固定不变的。但是说时间也在演化又是什么意思呢?

斯莫林并没有这个问题的答案,但是他认为这是在广义相对论和量子物理学之间的不相容性基础之上的最重要的问题。他说:"我越来越感觉到,量子理论和广义相对论关于时间的本质在深层次上都是错误的。把它们结合起来还不够。存在着一个更深刻的问题,也许要回到物理学的起源那里。"[263]最终,斯莫林宣称,"我们必须找到一条解冻时间的方法——表象时间而又无需将之变成空间。我不知道如何做到这一点。"[264]这既是一个摇摆的方案,又是一个告白。解冻时间将通过一种出路,或者超越巴迪欧的数学本体论——一种关于存在的思考,与其说它拒绝语言学转向,还不如说它激励了语言学转向,由此超出其自身的主观主义陷阱。

斯莫林的诊断不仅关系到当代物理学的结果；而且他也批评它的一些方法，它们太狭窄和太程序化了。在对20世纪初的物理学基础所作的革命性颠覆之后，斯莫林认为在这个世纪的下半叶期间物理学家们在一个预定的框架之内可以更加舒服地工作，这一框架在理论上是由实证主义所支配的。就对结果的应用和扩大而言，这种实证主义框架运行得很好，但是它在危机的时刻就运行得不那么好。"也许，这是一个需要爱因斯坦及其朋友的更具反思性、更具冒险性和更具哲学风格的时刻"，斯莫林总结道。[265]我们不是物理学家，但是我们愿意采取斯莫林的结论，并且主张哲学需要更加意识到，更加熟悉自然科学包括物理学中的理论、方法和结果。我们也认为，爱因斯坦的工作以及由之打开的观念仍然是重要的和相关的，就像我们在前面论能量的章节中看到的那样。

我们并没有断言任何关于存在与思想之间的根本二元论，而新唯物主义是非二元论的。在存在内部有着断裂、切口和门槛，但是在能量与物质之间、在物质与心灵之间、在人类与其他事物之间、在自然与文化之间、在生与死之间都并不存在绝对的对立。这种论断听起来似乎是一元论的（例如，一切事物都是相同的物质），但是这倒并不是真的因为我们不在谈论物质。另外一个问题就变成了，我们的观点削弱了黑格尔在《精神现象学》中关于实体和主体之间的区分吗？对于黑格尔来说，实体变成了主体，意识到了其自身。正是由于这个理由，黑格尔断言"存在就是思想"[266]。在这里，我们并不简单地反对黑格尔，但是我们试图比黑格尔思考得更为宽泛和更具实质性，在某种意义上，这在辩证法上也比黑格尔更加黑格尔。存在早已处在过程之中，或者在组织之中，因此至少确定了存在者。我们需要超越意识和非意识之间的对立来思考精神，我们需要避免普遍附着于黑格尔哲学中的神学掩盖物。存在就是思想，但并不是因为精神在认同上向自身的回归过程中，作为实体的存在被提升到有意识的思维。能量的存在已经就是精神，也就是说，黑格尔的精神，它采取了存在者的形式，也即有组织的存在者（organized being）的形式。“大脑”在这里就是组织或复杂性的隐喻，它超越了单纯的活的有机体或有意识的存在者。

再者，重申一下，我们需要超越意识来思考——仅仅否定语言学转向或为之划界都还是不够的。弗洛伊德的无意识观念就是在这个方向上迈出的一步，因为弗洛伊德表明无意识过程如何以那些使得简单控制或掌握我们的所有动机和决定变得不可能的方式妨碍和打断有意识的思想和行动。我们可以用一种目的论的方式来看待无意识，并且断言只要意识存在，无意识就存在。对于弗洛伊德的精神分析来说，这是对的。同时，我们也在以一种非神秘主义的方式寻找超越人类意识和语言的界限的方式。

能量就是存在自身，而成为大脑则是一种特殊确定的实存物（entity）或事物。这里，存在论的差异是在作为能量的存在自身与存在者之间的差异，这个存在者就是某种大脑，不是字面上的，而是在某种扩展的意义上说的，下面我们将详细说明这一点。存在就是或者变成一个大脑，变得更加复杂。这是一个进化的过程，但是它并不是目的论的。自我突现的复杂性是内在于能量过程的，这个过程就是能量场的相互转化以及能量转化为物质，反之亦然。

这是对大脑这个术语的宽泛的、非字面的，以及也许甚至是反直觉的使用，但是大脑不仅命名有意识思想的物理组织；大脑更是物理的和物质的基质（substrate），它是由能量的生成创造的，反过来又用作进一步复杂化的基础。物理科学中的自我突现复杂性的教训是，存在（能量）就是（成为或进化为）大脑，即使它们并没有以那种方式表述它。复杂适应性系统的语言意在容许科学家们超越生命/非生命的对立，如果使用同样适用于有机过程和无机过程的术语表达的话。[267]大脑这个词太有机了，但是它在意向性上却具有煽动性，尤其是在当代神经科学的难以置信的重要性这个情境中,包括将平行过程思维和神经学的其他方面应用于计算机技术的各种不同形式。

我们的大脑是不可思议地,几乎是难以想象地复杂,它们不仅产生理智命题,而且产生那些用作身体状态地图的原始情感。根据神经科学家安东尼奥·达马西奥(Antonio Damasio)的观点,外部刺激和内部刺激的神经模式以一种尚未被完全理解的方式构成了精神影像。[268]进而,我们的大脑表达和表明人类和自然的根本可塑性,就像当代法国哲学家凯瑟琳·马拉布解释的那样。按照马拉布的观点,大脑是形式的创造者和接受者,但是它也拥有一种超越形式或者取消形式的能力。[269]可塑性描述了大脑的特征,这不仅是一种灵活性或适应性,而且是一种打破当前形式的应变力和破坏能力。正如我们在论艺术那一章中看到的那样,马拉布在大脑和历史之间建立起一种政治联系,这个历史不仅是大脑的历史,而且是大脑制造历史的能力,也即自由。[270]我们对马拉布的著作印象非常深刻,我们受惠于她的论大脑在建立大脑与存在之间联系方面的著作。可塑性描述的不仅是有机大脑的特点,而且也构成了自身,这就是说,哲学和物理学、思维和本体论。

就存在而言,德勒兹的哲学为设想大脑提供了材料,虽然他对大脑这个术语的使用与我们的并不完全相同。从其早期论尼采、康德和斯宾诺莎的著作,到他的伟大著作《差异与重复》以及《感觉的逻辑》,再到他与菲利克斯·迦塔里合作的《反俄狄浦斯》和《千座高原》,德勒兹是20世纪最具有原创性的思想家之一。即使米歇尔·福柯开玩笑说当他宣称某一天20世纪可能会被称为德勒兹的世纪时,我们则断言德勒兹就是20世纪下半叶最重要的哲学家。

在20世纪80年代以及90年代早期德勒兹的晚期著作中,大脑变成一个越来越重要的主题。在他的著作《褶皱》中,德勒兹发展了一种褶皱的形而上学,其中思想是存在的褶皱,或者心灵/灵魂是物质/身体的褶皱，而不是一种二元性。他说：

它是因为褶皱总是处于两个褶子之间，因为两个褶子之间似乎是到处运动的：它一般是在无机体和有机体之间，在有机体和动物的灵魂之间，在动物灵魂和理性的灵魂之间，在身体和灵魂之间吗？[271]

我们认为，褶皱或者两个褶子之间甚至先于能量自身（energy itself）与有组织的充满的能量存在者（organized-charged-energetic being）间的空间中的有机体和无机体之间发生，这就是主要的存在论差异。

在他与迦塔里合作的最后著作《什么是哲学?》中，他们通过把混沌与大脑并置而作出结论说："我们只需要一点儿秩序来保护我们免于混沌。"[272]最终，大脑命名那个最小秩序，并且在同样的意义上，我们使用大脑这个名称来代表存在所需要的最小的组织程度。对于德勒兹和迦塔里来说，大脑以一种追随黑格尔的方式变成了主体："是大脑在思考，而不是人——后者只是一个大脑的结晶（cerebral crystallization）。"[273]我们主张，这种结晶不是人或者人类或者甚至是活着的存在者所独有的，而是在量子组织的基本水平上发生的。在他的著作《电影2：时间-影像》中，德勒兹表面上讨论了20世纪下半叶电影的发展，但是我们认为德勒兹论电影的第2卷也是一部深刻的和建构性的哲学著作。德勒兹不仅发展了一种电影的现象学，而且也发展了一种生存的本体论，而时间-影像就是一个关键的概念。时间-影像是"纯粹状态中的一点时间"，这种纯粹时间的晶体化预示一道鸿沟或者一个突触（synapse），它容许电影成为或者构造一个大脑。[274]

德勒兹把时间理解为晶体般的："小晶体般的种子和巨大的可结晶的宇宙：一切事物都包括在由种子和宇宙所构成的聚集物扩张能力之中。"[275]时间是晶体；它被现在和过去劈开，作为晶体的时间影像是"强大的非有机体生命，它支配着世界。”[276]作为存在者的时间的结晶化可以用大脑这个术语来加以思考。能量就是那个结晶的东西。德勒兹把过去时间的薄片与现在时间的峰值进行了对比。[277]薄片和峰值都是影像，用来思考时间在现在中的收缩及其向过去的延伸。德勒兹在他的电影系列著作以及在他的一般哲学中都给予时间以特权，但是在肯定空间和时间的可转换性方面，我们追随爱因斯坦。同时，这并不仅仅意味着时间变成几何形式的空间化，而且也意味着空间的时间化。正如德里达指出的那样，“时间的生成-空间和空间的生成-时间”[278]。时间和空间的收缩或愈合构成了容许思想或大脑的复杂性。

处于最佳状态的电影提供了成为大脑的资源，一个鲜活的大脑“成为我们的问题……(以及)我们的激情”[279]。在一种更加宽泛的意义上，德勒兹处理的是一个关于电影的极其广泛的概念，世界自身变成了大脑，这接近于我们所认为的存在的含义。按照德勒兹的观点，“世界变成了记忆、大脑、年龄和脑叶的重叠，但是大脑自身变成了意识、年龄的持续、常新脑叶的创造和生长、带有苯乙烯的物质的重新创造。”[280]

正如德勒兹在加深和扩大我们关于大脑是什么的观念，我们也在加深和扩大大脑的观念来表示这就是复杂性和自组织的本质，新的“脑叶”的创造和生长。最终，世界回到作为思维的自身，不是通过成为别的东西，诸如精神或意识或上帝，而是相反：思想回到作为世界的自身，这就是新唯物主义的意思。

时间-影像是思想的构成，但是不只是一种有意识的思想。思想是一种生成、一种强度、一种褶皱。一切事物，包括大脑，都是屏幕。这也不仅是电影屏幕、电视屏幕或电脑显示器的技术界面。是的，存在着所有我们在其中体验世界的关键方式，但是它要更深刻些：“新的大脑……可能立即就是屏幕。”[281]存在的一切事物都是屏幕，但不是在超验的意义上，作为支撑思想的表面或结构，而是它就“是”思想自身，纯粹的内在性，因为屏幕之后无物存在。

在《褶皱》中，德勒兹用混沌和事件明确表达了相似的洞见。这里的混沌代表能量，而事件则指的是存在者，或大脑的构成。德勒兹说，混沌"是与制造某物——某物而不是无——从中产生的屏幕分不开的"[282]。屏幕是将某物与混沌区分开来，并且使某物存在的东西。如果能量本身就是存在，那么它也就是混沌，或者在本质上是混沌的，因为它不是被秩序化的。为了拥有秩序，你必须拥有屏幕。但是，没有屏幕，"混沌就不存在"[283]。进一步说，就像我们在《电影2：时间-影像》中看到的那样，大脑就是屏幕。也即，在一种宽泛的意义上说，屏幕或秩序根本上就是大脑。按照德勒兹的观点，"屏幕像是无限精制的机器，这种机器是自然的基础。"[284]自然从根本上讲就是一部伟大的大屏幕（或大脑）。

如果混沌不存在，那么这是因为它只是这部伟大屏幕的底部，因为后者构成了整体和部分的无限系列，对我们来说（作为偶然的发展）它似乎是混沌的，仅仅因为我们不能追随它们，或者因为我们自己的屏幕的不充分性。[285]

语言是屏幕，但是它不是唯一的案例，我们给予自然太少信任从而否认我们赋予人类产物和设计的复杂性。数学是另外一种屏幕，而且是一种非常有效的屏幕；它是另外一种用作大脑的方式。但是一切存在者都是有组织的复杂性，这意味着一切存在者都是屏幕，都是混沌的播放以及为了混沌播放，这就是能量自身，或者纯粹的内在性。

德勒兹用形而上学（褶皱）来实验，这种形而上学也是亚里士多德意义上的物理学，斯莫林则提供了德勒兹的一些最惊人洞见的宇宙论证明。存在——也称能量——是用多种复杂的方式来表达的，被组织为粒子、场、光子、物质、思想，等等。我们需要向量子场理论、弦理论、量子引力、暗物质、暗能量以及宇宙隐秘维度的可能性学习。[286]

存在也是称为膜（brane）。膜对于弦理论是必不可少的，它是一种预设了某种屏幕，某种有限物理空间的理论构造，这种空间是以一种比非膜空间更少维度运行的。按照莉莎·兰道尔（Lisa Randall）——一位沉思隐秘维度之可能性的物理学家的观点，“粒子和力可以在称作膜的更低维度的表面上被捕获，即使宇宙有许多其他的探索维度。”[287]膜就是一种切片，或一种边界，它具有的一个优点就是如果膜存在，那么它们就可能解释引力的奇怪现象，这种现象和其他基本物理力的运行有很大的不同。当代物理学的最重要以及最困难的问题之一就是，如何把引力与电磁整合起来，如何把强核力与弱核力整合起来。一个包含引力以及其他力的理论被称为大统一理论（Grand Unified Theory），但是这种理论尚未建立起来。

和并不受限于膜的东西相比，膜在几何上是“扁平的”，它被称作块（bulk）。例如，在一个像我们自己这样的三维块世界（bulky world）中，膜可能就是二维扁平的表面。被捕获在膜上的粒子不可能离开它，也不可能与块中的其他粒子相互作用。此外，正如上面提到过的那样，可能存在着单独运行在膜上的力，可能也存在着穿过膜，然后影响膜的力（例如引力）。可以想象，我们存在于一个“弱膜”（Weakbrane）之上，这种膜被来自于引力膜（Gravitybrane）的块分离开来，在这种引力膜上，引力是一种更强的力，但是引力只是与那些被限制于弱膜的力和粒子有非常微弱的相互作用。[288]

膜对于弦理论来说是关键的。某种特定的膜，即D-膜，是一种开放弦终结于其上的或依附于其上的膜。[289]这种假设的膜的存在容许理论物理学家们来绘制不同版本的弦理论到彼此身上。绝大多数可行的弦理论形式只有假设十维才能运行，这就是为什么寻找隐秘维度对于兰道尔和其他人来说如此重要的原因。进一步说，爱德华·维腾（Edward Witten）于1995年表明，在数学上，十维超弦理论可以转化为十一维超引力，这是一个令人震惊的结果。正如兰道尔指出的那样，“在低能量时，十维超弦理论以及十一维超引力实际上就是同一个理论。”[290]关键就是，需要膜来使这些理论变得相同。维腾挑衅性地称之为合并理论M-理论，并且拒绝详细说明M代表的是什么。[291]M-理论，如果在实验上得到证实的话，将是大统一理论的实例化。

就像斯莫林解释的那样，当前弦理论的具体化还存在着一些问题，包括其背景依赖性及其在接受宇宙的加速扩张方面的困难。在这里，我们是关于M-理论自身的不可知论者，但是我们又被膜所吸引。膜充当着块的屏幕。所以（抱歉使用同义词），大脑就是屏幕，而膜也是屏幕。这意味，至少潜在地，或者在德勒兹的意义上，膜就是一种特殊的大脑。

我们太伶俐，太聪明，以及/或者太隐喻了吗？如果是这样的话，那么当代理论物理学也是如此。在《量子引力的三条道路》中，李·斯莫林解释说，建立在黑洞热动力学基础之上的全息原则（holographic principle）导致了贝肯斯坦界限（Bekenstein Bound）。什么是贝肯斯坦界限？将某物（something）、某事（a thing）封闭到一个有限的界限中，那么这个界限就可以被称为屏幕。屏幕，就像黑洞的事件视界一样，限制了关于某事的可获得的信息量。贝肯斯坦界限内在地限制了我们关于那个某事能够获得的信息，这个某事是通过屏幕的方式。我们能够知道的东西首先，而且令人惊讶的是，它不是与某事的体积而是其区域，也就是其屏幕有关系。

斯莫林宣称：“除了屏幕区域施加的限制外，任何时候我们都不可能了解关于那个某事更多的东西。”[292]为什么是这种情况？就是因为有组织信息的本质，这种信息构成了屏幕。如果我们试图获得关于那个超越由其屏幕提供的区域限制的某事的信息，那么根据斯莫林的观点，要么那个屏幕区域会增长，作为做一个追问超越界限问题的实验的结果；要么我们那样做的那个超越界限的实验会抹除前面一些问题的答案，或者使之无效。除了屏幕区域施加的限制外，任何时候我们都不可能了解关于那个某事更多的东西。[293]

斯莫林断言，有许多很好的理由来认真对待贝肯斯坦界限，它建立在第二热力学定律的基础之上，并且涉及从其中推出的爱因斯坦相对论方程。

如果我们追随斯莫林，并且认真对待贝肯斯坦界限，并且将我们关于那个某事的信息局限于由屏幕规定的区域，那么就存在着两种可能的含义。一种可能性——斯莫林称之为强全息原则——是，存在着那个某事的某个方面或某些方面，这个某事在本质上是不可知的，而且是永远不可知的。这个某事是一个黑洞，它也是康德理解自在之物的方式。康德的自在之物就是这个某事，而以空间和时间形式向我们显示的这个某事以及人类知性范畴则代表了斯莫林所称的屏幕。然而，这个替代物是斯莫林所称的弱全息原则，他赞成这后一种解释。根据弱全息原则，"我们错误地认为，世界由占据了空间区域的某事构成。相反，所有存在于这个世界上的东西都是屏幕，世界就是在其上面被呈现的。"[294]如果斯莫林是正确的，而且不可否认，这是思辨的和假设的，那么一切事物就都是屏幕，这意味着存在也是屏幕。存在是屏幕，它的意思是，混沌本身并不存在，毋宁说当所有事物都被屏幕化时，它就突现为黑暗的衬里，用复杂的信息术语来说就是，这使它得以显现或存在。存在自身可能是混沌，即前屏幕化能量的无限可能性，而这并不是某事。最后，如果德勒兹是正确的，那么大脑就是屏幕。也就是说，如果屏幕在本质上是信息，那么它就是存在或大脑。也许，物理学比它看上去的要更为形而上学。

总之，纯能量就是存在自身，它是一种绝对的唯物主义，零度唯物主义。但是能量加1，加2，如此等等就是物质的复杂性，就是存在自身之上的褶皱。它变成了思想，变成了时间-影像，变成了大脑。

第九章 逻 辑

谁害怕哲学?

——雅克·德里达,《哲学的权利1》

思维是产生于大脑的一种突现性质(emergent property)。大脑是思想的基质(material matrix)。思想自身也是物质的,虽然它是一种难以置信的物质-能量的精细形式。我们在上一章中曾将大脑的比喻加以延伸从而包含所有的自组织形式。然而,动物的大脑是我们所知道的最复杂的现象。大脑是一种极其复杂的、自组织的结构,它产生情绪、意识、情感和思维。在进化论的意义上,这种不可思议的复杂性部分地来源于动物的食肉本性,因为它不能直接将太阳能转化为有效的工作,而必须捕猎、聚集、成群,或者增加其他的动物和植物形式以消耗储存在它们身上的碳水化合物,这些碳水化合物是从细菌开始的,它们又使得植物可以进行光合作用。

于是,意识的思想既不是中立的,也不是客观的,而是在其环境中深刻获得的和引起兴趣的。神经学家们和发展心理学家们告诉我们,无论是就大脑的区域来说,还是就具体任务或推理系统来说,大多数精神过程都是特定领域的(domain-specific)。我们拥有可以激活诸如捕食、面部识别、能动性等某些过程的推理系统。[295]我们所称自我的东西就是对这些多样性系统的整体性整合，但是自我多少有点儿短暂，因为它是从这些不同的活动中产生的。

人类的大脑是独一无二的，不仅因为其高度发展的前额皮层，而且也因为某种似乎发生于50,000年前左右的下降。当然，精确的起源和原因不可能被割裂开来，但是根据考古学家米森(Steven Mithen)的观点，认知结构的变化产生了某种认知流动性，这暗中破坏了特定领域推理系统的专门化。[296]这种新的认知流动性产生了符号爆发(symbolic explosion)，因为现在人类可以将材料和概念心灵的一个区域运到另一个区域，或者从一个任务带到另一个任务。这种突破涉及原始人类的工具制造和洞穴壁画，后来这导致了诸如音乐、宗教、数学、农业、动物驯养以及哲学这些其他产物。通过符号的和物理的突破，作为思考思考的哲学成为可能，这是特定领域的推理系统的松化。我们能够把观念从一个区域转移到另一个区域这一事实意味着，我们可以使不同的观点关系到各种问题，为解答以及提出新的问题创造丰富的材料蓄水池。

人类的思想从进化论上以及从物质上讲都是建立在大脑的基础之上，但是大脑不仅是一个基质(substrate)，而且更是一个高度复杂的物质形式。我们并不把思维的物质观看作是还原主义的，因为不存在可以还原思维的坚固基础。甚至神经过程也是突触的(synaptic)、可塑的(plastic)和浮现的(emergent)，就像安东尼奥·达马西奥(Antonio Damasio)和约瑟夫·勒杜(Joseph LeDoux)这些神经学家以及凯瑟琳·马拉布(Catherine Malabou)这样的哲学家们指出的那样。1949年，加拿大心理学家赫布(Donald Hebb)发现，以突触的方式联系在一起的神经元倾向于加强它们的联系，当它们受刺激，一起冲动(fire together)，或者以突触的方式时，这种加强使它们更像是在未来的情境中一起冲动。"细胞一起冲动，一起紧张(wire together)。"[297]

赫布首先探究的这个现象被称为脑可塑性(brain plasticity)，它意味着所形成的神经联系可以通过使用得到加强,而不是构成的神经联系则变得更难形成,最终就会消失。大脑的可塑性涉及巨量的人类思想和文化的文化可塑性。可塑性与其说是一种简单的开放性或灵活性,还不如说是表示一种并非严格性的弹性(resilience)。在思考脑可塑性的重要性方面,法国哲学家马拉布走得最远。她说,可塑性既指接受形式的被动能力,也指给予或产生形式的主动能力。但是在可塑性的这两种要素之间还存在一种可塑性:"可塑性也是可以毁弃它所能接受或创造的形式的能力。"[298]大脑的可塑性意味着,大脑形成我们,同时在一个连续的极为复杂的反馈过程中又被作为我们的我们所修正。

根据马拉布的观点,脑可塑性在三种水平上运作:

> (1)神经联系的建模(胚胎和儿童的发展可塑性);(2)神经联系的修正(生命过程中的突触调制可塑性);以及(3)修复能力(后损害可塑性,postlesional plasticity)。[299]

所以,生命开端的神经联系建模延缓了,但是仍然允许生命中一定数量的神经联系调制。脑可塑性中的潜能使得大量的人类社会潜能、文化潜能和技术潜能成为可能,这一点我们在过去的10,000年左右就已经看到了。

大脑并不是不变的、刚性的和决定论的;这种错误的观点鼓舞我们带着一种相反的观念论的自由去反对我们认为是刚性决定论的东西,就像大卫·休谟在他的《人类理智研究》中指出的那样。休谟断言,我们从未直接经验到因果性,而毋宁说是我们将因果性推理为一种建立在事件的恒常联结基础之上的"必然联系"。休谟解释说,在对自然以及我们自己的经验中,我们都经验到,并承认某种必然性,但是我们想象自然的必然性是完全刚性的和决定论的,这是对因果性的一种不合法的延伸。[300]

因为我们把这样一种决定论的因果性归之于自然，所以我们认为我们必须用一种非因果的、或免于任何必然性和限制的观念论式自由来反对自然因果性。当然，我们从未经验到自己彻底免于限制，而只是相对自由地从事某些行动。休谟主张，我们应该使自由（freedom或liberty）与限制相对，但是不是和必然性相对，因为没有因果性和因果性所包含的必然联系观念，我们就不可能理解我们的经验。

这种可塑性是一种幼态持续，正如斯蒂文·杰·古德（Steven Jay Gould）指出的那样，因为就其发育迟缓而言，人脑和有机体的发展是不同的。“我们是通过保持我们身上先人的年轻特征而进化的”，古德写道，“这个过程在技术上就是人们熟知的幼态持续（字面的意思是，‘保持年轻’）。”[301]人类的早产带有一个“弱点”，即允许大脑后来生长和扩展。当人类从更高级的灵长类动物进化而来时，他们比其他的哺乳动物都活得更长久，而且长得更慢。从社会的意义上说，我们可以提高学习，并且“通过延长儿童期，通过延缓性成熟（伴随着青春期对独立的渴望）”[302]，将我们的可塑性最大化。我们减慢或延迟老化的过程，容许更多的复杂性、更多的联系、更多的冲动以及更多的紧张。

在其著作《突触自我》的结论中，约瑟夫·勒杜展示了神经自我-集合的基本原则。他说，“不同的系统经验到相同的世界”，这提供了不同系统的冗余和共享输入，并且容许平行处理和信息存储的更精细的协调。[303]这种平行的可塑性是通过“不同相互联系区域之间的细胞”进行协调的。[304]调节器，诸如像谷氨酸盐这样的神经传递介质，进一步整合和调节神经元之间的神经传递。它们催化了那些本已是主动的神经元。除了调节器，会聚区提供了整合平行可塑性的位置。作为高度发展的和高度协调的平行可塑性状态，情绪状态“在组织脑主动性中发挥着关键的作用”[305]。最后，自我是通过内隐的和外显的功能来构成和维持的，以至于达到这样一种程度，即“你就是你的突触。它们就是你之所是”[306]。

勒杜提供了一种对当代神经学和神迹可塑性的有用概括，他也强调了情绪的角色。神经学家安东尼奥·达马西奥是最重要的科学家之一，他表明情绪和情感与思维是如何高度整合在一起的。哲学理性主义的最重要错误之一就是将激情从严肃的反思中加以贬损和开除。达马西奥不仅洞见人类关于情感的神经学，而且还提供了一种恢复斯宾诺莎的思想以反对笛卡尔、笛卡尔的理性主义以及二元论的哲学情境。

按照达马西奥的观点，情绪是“构成不同模式的化学反应和神经反应的复杂集合”。也就是说，情绪不是大脑状态或神经冲动的简单表现，而是各种各样的大脑区域相互作用的复杂结果。情绪是对一种刺激或一组刺激的反应，它产生了“在身体本身状态以及映射身体和支持思维的大脑结构状态中的一种临时改变”[307]。关于情绪干预身体，容许身体对外部刺激和内部刺激做出反应。另外，情绪影响大脑的成分，因为它们都是出自大脑为自己而表象身体的原材料。情绪是观念的种子，因为它要供给作为映射身体状态的观念的成分。一个原始观念或原型观念，根据达马西奥的看法，就是情感。情感是对身体的某个部分或在其活动中的作为整体的身体的精神表象。情感是“以某种方式存在的身体的观念”[308]。情感为大脑映射身体的状态，这使得大脑可以发展对身体的表象。这些神经映射能够表象痛苦和需要的状态或满足的状态和有机体的欢愉。我们并不完全理解神经映射是如何发展为精神印象的，但是这道鸿沟正在缩小，以至于在神经科学的意义上断言精神思想和生理的大脑状态之间存在着根本的不相容不再是可信的了。[309]

思想和观念不可能以一种二元论的方式与情绪和情感相对立。虽然笛卡尔的哲学比通常理解的要更为复杂，但是笛卡尔主义的一个遗产就是在广延实体、物理实体和思维或精神实体之间所产生的分裂。笛卡尔以及后来的理性主义的错误是，想象着思绪能够与激情分离并与之对立，而物理决定论意义上的物质实在可以用精神自由或道德自由的观念论领域来加以反驳。斯宾诺莎如此重要的理由就是他肯定只有一种实体，这样它就既能用精神的方面来看，也能以物理的方面来看。达马西奥宣称，“据我看，真正的突破与斯宾诺莎的人类心灵观念有关，显然他将之定义为由人类身体的观念所构成。”[310]当然，斯宾诺莎并不知道我们关于大脑所知道的东西，但是他对心灵的理解及其与身体的相容性和神经学关于大脑之所是及大脑的功能的理解趋同。通过这种方式，他的哲学预见了当代神经科学，并为后者所证实。根据他的观念即心灵至少是由身体的观念所构成，他的思考就是我们直截了当加以肯定的哲学唯物主义。

思想通过大脑的方式发生，大脑映射身体的状态。情绪是一种对刺激做出反应的神经模式的初始的，然而却是复杂的结果。情绪于是构成情感，它为大脑构成身体的映射物。我们通常称为思想或观念的东西就是这个映射的映射，是对容许大脑形成精神印象的直接刺激的进一步抽象。这些精神印象给大脑提供了记忆、计划和准备的能力，并且赋予有机体以生存的额外优势。新唯物主义坚持人类思想——也就是说，构成身体的心灵的物理的和物质的基础。然而，我们必须明白，我们并不是就粗糙的还原主义（crude reductionism）而言意指这个，而是指对物质组织的复杂性的接受，也指对大脑、心灵和思想的更深层复杂性与自组织的接受。

这一点的意思是，思维是一种突现性质，它在逻辑上是没有根据的，因为不存在任何思想的第一原则或公理。思想突现为从身体而来的大脑和属于身体的大脑，而更深层的抽象和复杂化（complexification）意味着思维获得了一种复杂性（sophistication）和一种能力，但是它不能在逻辑上被隔离或自足（self-contained）。虽然人类历史上的哲学家们尝试过隔离和规定思维的条件，然而只要存在着新的经验和新的身体化形式，这些条件就不能够被绝对化。因此，当我们简要考察哲学逻辑的历史时，我们的目标就是表明对逻各斯的一种新理解，这种新理解对其导入特殊学科不利。

在其《后分析篇》中，亚里士多德提供了一种希腊逻辑的形式化，这种逻辑曾用作西方逻辑的基础一直到中世纪。亚里士多德解释说，科学知识要通过从公认的第一前提而来的演绎加以解释，演绎所采取的形式就是三段论。同时，亚里士多德讨论了作为相反步骤，或普遍第一前提的直觉的归纳。然而，不幸的是，我们不能证明归纳推理的结果："我称在其中的那些要素每个属（genus）的基本真理为不可能证明的存在。"[311] 这些基本真理可以被推出，但是不能被证明。它们因此用作演绎推理的基础。通过三段论的方式，某物的本质可以被显示或解证出来，但是不存在任何关于本质的三段论。直觉领会到第一前提，不过也不存在任何关于直觉的确定方法，只有在其应用或解证中的这些前提的因果性的逻辑。

三段论推理以一种客观的和本质的方式解证着科学知识。解证知识"显然必须通过一个必然的中项获得；否则其所有者将既不知道原因也不知道其结论是一个必然结论这一事实"[311]。中项是直接原因，它把大前提或主词与小前提或谓词结合在一起。亚里士多德使用了这样的例子，即"月亮渐圆了，因为它是球体的"（第一卷，第一章）。月亮是主词，渐圆是月亮的谓词。月亮渐圆了。三段论抽出球状性质或月亮的形式作为其渐圆的原因。月亮渐圆了。球体会渐圆和渐亏。月亮是个球体。所以，月亮渐圆了，因为它是球体的。三段论逻辑提供了思维的公式，亚里士多德的逻辑直到现代还是逻辑的第一形式。

在中世纪，伊斯兰哲学家如阿尔·法拉比、伊本·西那和伊本·鲁世德对亚里士多德文本的传播和评注影响到了托马斯·阿奎那，他用一种三段论式的亚里士多德框架设定他的不朽著作《神学大全》。对基督教哲学家、犹太哲学家和穆斯林哲学家来说，亚里士多德教会人如何思考思维，即使神的思想超出了人类的逻辑和理解。通过人类能够达到和理解的普遍的逻辑形式，上帝揭示上帝自身。然而，到中世纪末期，古典亚里士多德式的古代之路（via antiqua）受到了更为经验性的和实验性的现代之路（via moderna）的挑战，最显著的是奥康姆的威廉。奥康姆的著作与唯名论联系在一起。唯名论的意思是，名称和观念与其说是实在的，还不如说是约定的。上帝的超验能力和自由。奥康姆剃刀这个短语表达了一种解释的简约性（parsimony）或简单性（simplicity），而无需求助于煞费苦心的形而上学沉思。

唯名论和经验主义，当它们和由早期现代科学家们发展而来的实验方法结合在一起时就构成了一种新的、非亚里士多德式的思维取向。思维并不受三段论的逻辑形式所限制，而是来自于直接的知觉经验。按照约翰·洛克的观点，一个观念就是对一个原始感觉的表象。感觉是观念的建造之砖，简单观念表象对象的直接感觉，而复杂观念则是通过反省的方式由简单观念所构造。人们在近代经验主义和近代理性主义之间制造了许多明显的对立，但是在许多方面，这些都是一种综合的思维逻辑的两种互补的方法。经验主义提供了内容，而理性主义则规定了作为经验之条件的思想形式，不管这些形式是不是先天的。同时，理性主义和经验主义都致力于亚里士多德的最根本的非矛盾律，它以一种二元论的方式框限着世界和思想。这种二元论也维持着从希腊逻辑而来的理性和激情或情绪之间的基本对立。近代启蒙运动的理性形式仍然忠实于理性和（非理性的）激情之间的对立，但是当代神经学的研究结果容许我们来挑战这一区分，就像前面有关达马西奥所做的讨论一样。

近代哲学期间，在我们称之为——用吉尔·德勒兹的短语——“感觉的逻辑”方面，大卫·休谟走得最远。休谟的彻底经验主义接近怀疑主义，因为它暗中破坏了理性主义的因果性概念。在其《人性论》和《人类理智研究》中，休谟证明，我们从未直接经验到因果性；我们是从必然联系的观念推出它的，我们的心灵提供这一观念是为了理解经验。通过解决对象知识的可能性条件，康德在他的《纯粹理性批判》中将休谟的洞见形式化了。在他的著名的第一批判的导言中，康德坚称，"毫无疑问，我们的所有知识都开始于经验。"[313]但是，在经验中被给予的是知识的先天形式，它使经验成为可能。先天并不是指在时间的意义上先于，而是表示存在着某些思维的方面，它们一经理解就独立于任何未来的经验。一个明显的例子就是数学等式，如算式 $2+2=4$，它不可能被任何经验主义的经验所否证。康德区分了感觉直觉、对经验的被动知觉和知性，知性包含通过概念范畴的方式对知识的建构。

对康德来说，逻辑指定(designates)知性的活动，后者将感觉经验综合进概念。关键在于，就人类心灵提供必然可以获得对象知识的知性概念方面，康德最终和休谟是一致的。对象存在，但是它们不可能作为自在之物被认识。康德代表了休谟基础哲学的形式化和近代欧洲理性的巅峰。然而，就在康德之后，黑格尔便将康德的范畴付诸实施，同时恢复了一种动态的新亚里士多德式逻辑，这种逻辑把康德将之分裂开的思想和实在重新统一起来。黑格尔使用的是一种概念确定的三段式，有时候被阐释为字母A、B和C，其中A一般代表一种朴素的和直接的肯定，B则是对这种肯定的否定并引入差异，而C否定或取消，同时又用一种更高的综合保持A和B之间的差异和对立。在他的《逻辑学》中，黑格尔表明存在可以发展为非存在，最后成为一个可以区分概念或观念的动态自我生成和自我克服，顶点就是绝对观念的主体性逻辑。就人类的精神认识而言，黑格尔的不可思议的综合克服了主观的和客观的、形式和内容、间接和直接之间的分裂。不幸的是，虽然黑格尔精心设计一种关于大全的非凡视域，但是19和20世纪推翻了这个被理解为实在(存在)和思想之适恰的大全的自明性。

19世纪激增的知识形式及诸学科的专门化导致了实证主义的形成，这是一种简单地忽略思维复杂性的新经验主义。正是这种思维的复杂性大体上耗尽了康德、黑格尔和德国观念论。欧洲的资本、技术和军事的扩张吞没了许多这样的关切，知识分子努力与自然以及生物学和社会意义上的进化论的机制作斗争。达尔文提供了自然选择的机制，这对许多人来说似乎是一种对偶然性的放弃，或者说适者生存，也即，强者生存。在19世纪下半叶，我们愿意称之为非理性的预言者出现了，他们指控康德、黑格尔、实证主义和进化论，也指控目前仍然起作用的绝大多数占支配地位的思想形式和生活形式。克尔凯郭尔、尼采和陀思妥耶夫斯基被认为是存在主义的先驱，他们诉诸于一种反对抽象理性的生命价值和抗议，不管他们是以基督教的名义（克尔凯郭尔和陀思妥耶夫斯基），还是以无神论的名义（尼采）说话。

在20世纪的转折点前后，产生了一种将逻辑建立在现代数学中的尝试，这被称为逻辑主义。伴随着他之诉诸于将代数和数作为逻辑的基础的工作，戈特洛布·弗雷格鼓舞了这种尝试。大卫·希尔伯特（David Hilbert）把这种方案带入了20世纪。在20世纪的开端时，英国哲学家和数学家伯兰特·罗素以及阿尔弗雷德·怀特海在他们的《数学原理》中详细阐述了符号逻辑的方法和形式。不幸的是，这种将逻辑建立在数学或符号形式中的尝试失败了。弗雷格提供给了罗素后来被称之为罗素悖论的东西，这就是自我包含的问题。如果用集合来表达的话，这个问题便是，如何处理“不是任何集合成员的所有集合的集合”的自我矛盾的本性。正是这个洞见，最终由库尔特·哥德尔用他的不完全定理给出了数学形式和论证。哥德尔表明，对于任何形式体系来说，总是存在着为真但是却处在体系之外的命题，这意味着没有任何逻辑体系可以是完全封闭的。

伴随着他的两部重要著作，即早期的《逻辑哲学论》和晚期的《哲学研究》，路德维希·维特根斯坦的哲学生涯跨越了这两个发展，即为一个哲学逻辑的形式体系建立基础的尝试，及其在哥德尔手里的明显失败。《哲学研究》的结论与《逻辑哲学论》的结论似乎完全不一致，说明任何正式的哲学逻辑是不可能的。《哲学研究》证明了多样性的语言游戏之不可还原性，它们表达了相对的和不可通约的生活模式。语言游戏的主观主义和相对主义不仅弥漫于欧陆哲学与后现代哲学中，而且也充满后分析哲学及其新实证主义和新实用主义。

计算机技术为逻辑提供了另外一种可能性，一个基于模拟和纳米技术的可能性。计算机芯片越小、越复杂，计算机的运行就越强大、越快。虽然是建立在一个十分简单的二进制代码之上，但是它们的巨大的计算能力使它们可以为我们"思考"，扩展我们的知识的范围和速度。事实上，思想不再采取知识或事实的形式，而毋宁是信息。我们就是信息的比特，就像思想，就像大脑简单地就是复杂的和强大的计算机。然而，人们可能会争辩说，计算机的逻辑代表的是程度上的差异，即一种量的扩展，而不是种类上的质的差异。人工智能也威胁到技术乌托邦主义，忽视了能量和自然资源的稀缺。

那么，今天关于逻辑我们还能说些什么呢？我们的许多学科都是以-logy（学说、科学、理论）为结果，它表示特定于那个学科的思想逻辑或模态。这种制度性的分别既反映，也导致了在一个难以置信的复杂世界中的思维多极化和高度专门化。尝试着综合就是用幼稚天真做赌注，而成为专家学者则是将一个人的思维范围缩小到一个局限的领域。思维是多样的和无基础的，对于许多思想家来说这是令人不安的。思维是依赖于和突现于大脑的，虽然这并不简单地是一个还原主义的关系。就当代哲学而言，我们在分析哲学和欧陆哲学之间有一个人为的，有时候还是敌对的划分。分析哲学追求逻辑论证，但是要冒生活抽象化和思想形式非理性化的风险。欧陆哲学更多的是存在主义的，而且似乎对其他的思维形式和生活形式开放，然而，就其依赖欧洲大师著作的预测，并出自后者而言，当代美欧哲学也要冒偏狭的经院主义的风险。

从宽泛的意义上说，黑格尔之后的逻辑已经被导入迥然各异的诸学科中了，这通常是服务于一种实用主义的、实证主义的和工具主义的议程，虽然这些个别知识领域取得了一些深入的结果。最恶劣的分裂是自然科学与我们现在所称的人文科学之间的分离。这种分裂的遗产强化了技术专家型资本主义，因为它服务于那些从被假定为自然、世界或实在的思想形式。进一步说，非科学的知识被假定为主观的，和伦理价值有关，而科学研究则仍然是经验的，并忠实于事实。认知科学促进了经验主义和新实证主义，而社会科学和人文科学中的语言学转向的后果强化了主观主义、相对主义和建构主义，其观念是语言建构了实在。这种分裂是精神分裂症式的，在其朝向客观的、无疑问的事实和非反思的、未经考察的情感的核心处分裂了思维。1979年，普利高津（Ilya Prigogine）和斯滕格思（Isabelle Stengers）着手解决这一问题，并且提倡他们在其有影响力的法文名为《出自混沌的秩序》一书中所称的自然科学和人文科学之间"新联盟"。不幸的是，这个名称，La nouvel alliance，不可能被翻译为英文，因为一种新联盟不会被视为可能的或值得期望的。

我们需要一种新的感觉逻辑，在哲学术语上，德勒兹或许最接近于提供这个。在其著作《差异与重复》和《感觉的逻辑》以及他与菲利克斯·迦塔里合作的《反俄狄浦斯》和《千座高原》中，德勒兹提供了思维的强大资源。在《感觉的逻辑》中，德勒兹参照卡罗尔·刘易斯表达了一种对感觉的似非而是的和非常规的理解。德勒兹提出了两个不同的系列，一个是身体的系列，一个是语言的系列。在语言的边缘（在这里，语言伸展开来并遭遇身体），德勒兹假定了事件。事件主要属于语言，但是语言超出其自身，当它达到时以及在它达到的地方，它就表达了一个事件："事件就像水晶，它们只会出自边缘，或在边缘上生成和生长。"[314]事件是一种自组织，它提供了其自身的似非而是的意义。德勒兹探究了事件的感觉，事件标记了语言和身体相交的地方。在《感觉的逻辑》中，受结构主义和语言学的影响，德勒兹从语言的角度来写作。在这里，他断言，事件主要属于感觉和语言。德勒兹拒绝一切关于深度的隐喻，主张感觉沿着表层进行到底，然后构成事件。他说："这个表面在同一个事件中起作用（这对所有的事件都适用），并且加进了语言生成及其悖论。"[315]感觉通过沿着表层伸展来创造事件，这种沿着一种莫比乌斯带（Möbius strip）表层的伸展就是联系内在和外在、语言和身体的东西。事件是感觉超越自身及其向身体行进之伸展的名称，这给予了感觉以动态的和似非而是的本质。然而，与黑格尔的扬弃不一样，语言并不在一个更高的和更为精神的水平上提升和置换身体的本质。事件就是这种相遇，就是感觉的这个边缘，语言系列和身体系列在这里相接触。

后来，在《反俄狄浦斯》中，德勒兹和迦塔里从身体或他们称之为欲望机器的立场来处理事件。语言和身体两个系列或模态类似于斯宾诺莎在其《伦理学》中的心灵和身体的模态，这一点我们在第四章中讨论过。根据意义和话语的某些规则与习俗，语言的逻辑沿着表层进行到底。同时，身体以一种较少语言学的方式来表达它们自己的感觉和意义。这两个系列通过事件相互作用，事件构成真理。德勒兹并没有使用真理这个词，因为他强调真理和概念是由他所说的"错误的力量"（the powers of the false）所构造，但是阿兰·巴迪欧确实恢复了真理这个术语。正如巴迪欧指出的那样，今天的大多数人认为，"只存在身体和语言"。然而，巴迪欧断言，"只存在身体和语言，除了存在真理之外"[316]。对于巴迪欧来说，从表达存在自身的数学倍数（mathematical multiple）中抽取出来的事件创造了真理。相似地，我们可以说，对于德勒兹而言，通过语言系列和身体系列的似非而是的互动，事件是真理或创造了真理。

德勒兹和巴迪欧都是某种意义上的唯物主义者，二者都反对大多数哲学表达和理解形式的观念论。我们这里提出的新唯物主义又是什么呢？新唯物主义是一种建立在能量和生命基础之上的感觉的逻辑，而不单是抽象观念的逻辑。巴迪欧为他所称的唯物主义辩证法提供了一种替代性逻辑，这是《存在与事件》的续集《世界的逻辑》中给人以深刻印象的一种逻辑。在《世界的逻辑》中，巴迪欧发展了他称之为客观现象学以及超验代数学的东西来表明存在如何出现于世界中。虽然巴迪欧称其逻辑为“大逻辑”，但是他也声言，不存在任何一般的、普遍的逻辑，而只有应用于特定世界的地方性逻辑。这是真的，因为对巴迪欧来说，“不存在任何整体”[317]。不存在任何总体世界，只有存在者出现于其中的有限的、特定的世界，所以“逻辑不是别的，就是此在(being-there)之一致性的某些规则的语言学副本”[318]。这种逻辑包括决定着如下方面的超验运算：(1)出现的最小化；(2)“联结两个或更多倍数出现的价值”；(3)“把倍数的任何数字的出现价值全面综合进一个表层的可能性”[319]。虽然我们从巴迪欧那里学到很多，并且尊他为一个非常深刻的当代哲学家，但是我们并不同意他将逻辑建立在数学本体论的基础之上，这种本体论仍然是太抽象的和原子主义的。巴迪欧用原子主义术语来刻画他的唯物主义。他正式将现象性显现的原子成分孤立起来，然后主张每个显现的原子都是实在的，也就是说，都与存在自身的本体论联系在一起，这是一种数学重数。世界中的每个显现都遵守这种原子唯物主义逻辑，因为它呈现在本质上是多重和无限的存在，就像在集合论中以其可算作一个显现的原子的方式那样被规定。[320]这是一种原子主义的逻辑，它与我们的唯物主义逻辑形成对比，这种逻辑并不涉及存在和显现之间的清楚划分。

我们采取一种更为物理主义的通往实在的方法，并且强调能量的存在，能量既存在(存在自身)，又显现(作为物质/存在)。我们的能量逻辑同时是，并构成存在和显现，即使这种显现对于我们的眼睛和/或我们的测量工具来说是不可见的。能量是精神，这意味着它是物质的，但并不是精神到物质的还原。就其由极小的基础材料，甚至夸克构成，能量也不是原子主义的。能量的本质是能量转换，这就是德勒兹将之等同于感觉的逻辑的转换事件，因为它蔓延于语言和身体，或磁性和电流或信息和结构矩阵这两个系列以及在二者之间扩展。

就其表达了把物质、能量、感觉、身体结合为事件和作为事件而言，新唯物主义是一种准黑格尔主义的综合，但是它不是建立在对在更高和更为精神性水平上的作为自我克服的扬弃的传统理解之上，而是一种德勒兹所告知的反扬弃，它与早已发生于其中的复杂性有关，也和作为能量、生命、地球和大脑的复杂性有关。思维在地球中并作为地球返回到自身，这既不是还原到粗糙的物质性，也不是神秘的新时代精神性的接受。这种思维的下向轨迹包含着将感觉向下扩展至身体和诸身体，即地球的身体。在其寻找新的和充满活力的事件中，这一身体将使人们得以幸存和继续思维。

在20世纪，海德格尔尝试了对希腊思维和逻辑的不朽复苏，他将他的大部分哲学都是建立在这种对希腊人的存在之思的恢复上。我们并没有如海德格尔所做的一样把希腊人理想化，但是在思考逻各斯这个关键词方面，部分地追随海德格尔的精神还是有用的。逻各斯这个词变成了英语单词逻辑，就像已经提到过的那样，在其后缀形式-logy中，逻各斯规定了许多我们关于自己和世界的知识范畴。藉由20世纪20年代与亚里士多德的非常接触，海德格尔获得了很多关于存在的洞见，这在《存在与时间》中达到顶点。但是《存在与时间》之后，在他的晚期著作中，他越来越受前苏格拉底哲学家们的影响，包括巴门尼德、阿那克西曼德和赫拉克利特。赫拉克利特就是那位非常明确地把逻各斯这个词加以理论化并将之构造进哲学术语的思想家。在和另一个术语即道比较之前，我们打算简要地考虑一下，赫拉克利特的逻各斯究竟是什么意思。

在哲学史上，赫拉克利特经常反对巴门尼德，因为巴门尼德强调存在以至于他否定任何实际的变化，但是赫拉克利特对变化的强调导致柏拉图将他比作巴门尼德的对立面，即一个极力坚持运动、生成和变化，乃至否认同一性和连续性的人。实际上，对赫拉克利特的这种描述就是柏拉图为了将他自己的哲学与巴门尼德进行比较而创设的一幅漫画。也就是说，柏拉图想要表明，他的理想或理念如何可能导致真正的生成，而这一点是巴门尼德所否认的。柏拉图运用他的伟大对话《巴门尼德篇》来批评对巴门尼德的静态理解。然而，为了批评巴门尼德，柏拉图被迫否认他自己的思想与赫拉克利特思想之间的相似性，而他则迫使赫拉克利特进入一种实际上是赫拉克利特思想漫画的立场。现在，前苏格拉底哲学家如巴门尼德和赫拉克利特的观念都仅仅以残篇的形式存在，这些残篇一直被广泛地重构和猜测，但是我们诉诸于一种目前存在的有关古希腊哲学的共识。[321]

赫拉克利特并没有使变化和存在对立到这样一种程度，即他是一个虚无主义者或者相对主义者，但是他寻求变化之中的秩序，或容许事物运动的结构，以及成为对立基础的统一性。这种统一性、秩序或结构就是逻各斯，它也是对这种秩序的解释。这种涉及统一性的原则是我们关于事物所能提供的解释或叙事。它也是成为对自然的理性解释和实际运动的基础的那个相同原则，这给予赫拉克利特残篇以似非而是的特征。例如，“路：上坡和下坡是同一条”或“对于那些踏进同一条河的人来说，其他和其他的水则流过”[322]，就像一位评论者说明的那样，“虽然幸存的残篇造成了可怕的解释性挑战，但是很清楚，赫拉克利特把他所称的逻各斯(可以被翻译为‘解释’)看作是宇宙的唯一支配原则以及真正知识的恰当对象。”[323]逻各斯就是能够用来说明宇宙之潜在本质的解释，它由对立中的统一所构成。

这种对赫拉克利特的逻各斯的理解不同于现代逻辑和理性，它在很大程度上使思想和存在分离。在某种意义上，它似乎是幼稚的，而在其他的意义上，它似乎又是深刻的。赫拉克利特的逻各斯是一个象征和表达原始统一性的概念，它与另一个概念，即中文词语的道，有某些密切关系。道是一个似乎更为似非而是的概念，尤其是在经典道家文本《道德经》中。道既是一个词，又是对事物本质的解释，也是那个超越其明显二元性的这些现象的潜在统一性的来源或起源。阴和阳不仅表达对立双方的运动、节奏和互动，而且也表达在道中或经由道来克服双方的对立。我们可以说，在自然中或在世界中，道最好被理解为一种对立双方或敌对双方之间的以及当中的动态，但最终是和谐的节奏。道可道非常道，正如能够被解释的逻各斯不是真正的逻各斯，因为总是有某种在存在之内不可被解释的东西。用道这个术语来思考逻各斯保留了赫拉克利特思想的某些似非而是的方面，我们接着就来思考既作为解释又作为节奏的逻各斯。

当然，这种诗意地诉诸于跨术语和跨语言的共鸣有冒扭曲和背叛逻辑的风险，但是假如海德格尔是对的，而且存在的这种诗意本质就是逻各斯有关的一切，那么又将如何呢？我们有冒这样一种思维的风险，即驱使思维超越陈旧的传统理性踪迹进入或凌驾于非理性的深渊。然而，非理性是思维和理性的来源，正如人类思想起源于物理的大脑。一个危险是，过于强调人类语言的理性和秩序化，而又将非人类的非理性或非符号的实在推到极端。另外一个危险则是，过于肯定人类的符号语言和非人类或非符号的自然形式之间的同一性和连续性，这是许多西方对道的解释可能要做的事。通过和人类文化的对比，我们肯定非人类的生存形式的和谐，人类文化偏离了这种和谐，而且生病了或出了问题。逻各斯和道的和谐并不在于思想和存在的终极实在。这种和谐内在于秩序和生存的复杂性，它继续存在，即使它是破碎的和谐。

和谐总是破碎的，它既是废墟，又是任何未来和谐的可能性。节奏是解释逻各斯的节奏，是思维的逻辑，是生存的逻辑，其中伴随着一种"秩序"，它不是绝对的秩序，而是德勒兹和迦塔里所称的某种构成的混沌(composed chaos)，或混沌宇宙(chaosmos)。"我们只需要一点儿秩序来阻止混沌"，但是并非太多，否则它就不再是秩序，而解释则会变成否证。[324]太多的秩序导致用沙子来将结构建在并不存在的基础之上，以及耗费我们所有的兴趣和欲望在这些我们于是将之当作是实在的结构中。

历史上最非凡的认同之一不仅是把拿撒勒的耶稣认作弥赛亚，而且也是后来用希腊词逻各斯(译作言)将耶稣认作基督。正如《约翰福音》，"太初有言(逻各斯)，言与上帝同在，言即上帝。"在这里，逻各斯被神圣化了，这就其自身来说也是奇怪的，因为赫拉克利特或许把逻各斯看作是某种神，而道确实也被许多道家视为神圣的。更为有趣的是这一事实，即逻各斯或言被等同于一个位格，即肉体形式的位格人。当然，这是有趣的，但是在许多方面那仍旧是赫拉克利特的逻各斯以及道家的道的意义，并不存在解释和产生实在的原则与这个包括人在内的实在、自然自身之间的分离或分裂。一个特定的人，拿撒勒的耶稣，被等同于神和实在的最终原则，这确实是一个特殊的断言。至少，在某种程度上这是个翻译的问题，即对犹太人依据希腊逻辑关于弥赛亚所做的断言的理解。如果犹太人耶稣就是弥赛亚，那么在希腊术语中他就是上帝的儿子，来自于上帝的上帝，而且也是生存的和为了生存的根本理由，即使这个理解花了许多世纪才得到完全的阐述并用独断的和神学的术语形式制定出来。

现在，最有趣的是这个断言，即作为逻各斯的耶稣被钉死在十字架上，即使人们希望和期望他复活，还有这一断言，即逻各斯会死掉，虽然它没有或不可能继续死亡(stay dead)。将作为原则、作为解释的逻各斯钉死在十字架上毁灭了实在和存在的本质，就像克莱斯顿·戴维斯(Creston Davis)解释的那样。[325]也就是说，这种理智的理解，即最高的和最神圣的原则不仅可以道成肉身，而且作为上帝之子以及上帝之上帝的那个人可以被杀死，意味着逻辑只有作为被钉死在十字架上之后的复活才可以存在。这是一种抽象的解释，但它隐含着对从理论方面说是真实的西方逻辑的理解。逻辑，那个言，和基督一起，被钉死在十字架上，盖棺完结了，它只有复活才能被使用。逻各斯的这种被钉死在十字架上以一种极端的和盛大的方式将生与死这两个对立面重新统一起来，并且证明标志着逻辑的那个不和谐、痛苦和遭难，其伤口它还要继续忍受下去。绝对地说，逻辑被当作是不起作用的，这并不意味着它不再起作用，而是说它是没有根据的和没有基础的。这种解释不是对基督教凌驾于其他宗教之上的优越性或“真理”的解释，而是表达了对实在的一种洞见，这种实在修正和塑造了我们对道和逻各斯的理解，对思维逻辑的理解。逻辑总是神学的（theo-logical），但是这种神的逻辑（logic of theos）总是被放逐的和残破的，因为用神学的话来说，上帝死了。但是，准确地说，这种死亡是使得复活和生命成为可能的东西，因为它使事件成为可能。

结语　事件

新唯物主义是对后资本主义世界一种激进神学的概述。我们有必要学习如何思考以及如何生活，这就是神学真正要谈论的东西。学习总是意味着再学习，反复学习。它是重复，但不是相同者或同一者的重复。它是德勒兹所称的差异的重复。而这就是我们在此所说的事件。[326]

什么是事件？事件这个术语出现于欧陆哲学中晚期海德格尔的Ereignis概念。Ereignis是一个划拨的事件，有时也译作"本有"(en-owning)。[326]在欧陆哲学圈中广为人知的是，海德格尔从强调作为追问存在问题的存在者即此在转变到强调作为存在，或就其本质而言的存在自身(being-itself)的存在。存在给出存在或存在者，存在的显现就是事件。海德格尔说，"去存在就是居有"，"这个去存在迫使此——在朝向存在自己之真理的基础，因此让'居间'，诸神对存在之居有以及诸神对自身的占有如同居有一样来支配。"[328]海德格尔试图为非掌控性思维清理一个空间，这种思维让存在或存在显现并按照自己的方式显示自身，从而为我们决定我们是谁以及我们是什么，除了对现代资本主义的傲慢征服之外。

不幸的是，尽管作为哲学家，海德格尔是杰出的和重要的，但是他对源初的前苏格拉底哲学的怀旧之情以及他拒绝坦白承认他在20世纪30

年代与纳粹的联系使他的思想打上了令人不舒服的寂静主义(quietism)标记。海德格尔追求一种只有少数人才能获得的贵族式思维形式,这导致了一种对世界的拒斥,而不是参与到其中去。尽管如此,海德格尔的哲学对于所有其后的哲学家们都是决定性的,尤其是欧陆哲学家们。对于德里达和德勒兹来说,海德格尔的Ereignis概念提供了一种对20世纪60年代占支配地位的结构主义的反驳。正如德里达在他的那篇颇有影响的论文《人文科学话语中的结构、符号和游戏》中所说的那样:

> 也许,在结构概念史中出现了某种可以被称为"事件"的东西,如果这个有深意的词语(loaded word)并不包含恰好就是结构思想或结构主义思想所要还原或怀疑的功能的意义。但是,让我们来说说"事件",尽管如此,还是让我们用引号以作防范。那么,这个事件会是什么呢? 其外在形式将是断裂(rapture)和再加倍(redoubling)。[329]

对后结构主义来说,事件是阻止任何结构或体系对其自身封闭的东西,向事件语言的转变意味着海德格尔的失而复得,同样也意味着他在不同语境中对该术语的使用。

虽然德勒兹在《差异与重复》中没有使用这个术语,但是在其最具结构主义的《感觉的逻辑》一书中他采用了该术语。如在前章中讨论的那样,在《感觉的逻辑》中德勒兹说事件是两个系列之间互动的结果,一个系列是感觉或语言,一个系列是身体。他主要将事件与前一个系列,即感觉的系列,联系起来,并且断言它在很大程度上是语言的结果。但是事件具有重要意义,因为它是超越身体之延伸的结果:"正是通过跟随边界,通过环绕表面,一个人从身体转变为无形体。"[330]在这本书中,德勒兹关心的是那种似非而是的语言感,以及感觉如何产生事件。然而,我们不能忘记语言如何产生于物质性的身体,或者《感觉的逻辑》中的事件如何既和《差异与重复》中的强度的深度联系在一起，又与《反俄狄浦斯》中的欲望机器的生产联系在一起。

事件是生产出来的。它们发生，但是它们并不纯粹是，以及简单地就是所发生的东西。“事件不是所发生的东西（偶然事件）”，德勒兹说，“它毋宁说是处于所发生的东西之中，那个纯粹被表达的东西。”[331]事件“将存在的单义性传达给语言”[332]。对我们而言，事件是物质过程的非物质边缘，即波涛汹涌处和形成浪峰处的泡沫。事件代表着一种自组织，一种直接产生于存在-生成-大脑这一物质过程自身的复杂结构。

在用自组织这些术语来说事件的时候，应该明白的是，当我们说起物质性时，我们不是在说无理性的和惰性的东西。物质力量导致事件，它们打破形式的表面，产生新的形式和褶皱，思想的褶皱和存在的褶皱。事件是重复的场所，闯入的场所，分叉的场所，或者单一性的场所。它是制造差异的差异。通过授予的强度，每个差异都制造差异。在《差异与重复》中，德勒兹说差异，但同时差异也在强度中保持自身。他宣称，以强度形式出现的差异卷入自身之中，同时它又在强度的阐明中被取消。[333]这种对强度差异的保存意味着“强度肯定差异”。这是如何运作的呢？德勒兹解释说：“由于建立在至少两个系列之上，其中一个高级，一个低级……强度甚至肯定那最低级的，它使最低级的成为肯定的对象……每个事物都从高到低，在这一时刻就肯定了最低级：非对称性的综合。”

新唯物主义诉诸于相对较新的非平衡热力学的结果，但是对非平衡热力学的理论性理解已经由德勒兹在其《差异与重复》中概述过了。按照施耐德（Eric D. Schneider）和萨根（Dorion Sagan）的观点，非平衡热力学意味着我们必须少把熵看作是不可逆转的无秩序，而是多将热寂视为梯度削减（gradient reduction）。熵是一种梯度削减，但是梯度差异的削减实际上产生了复杂结构。[334]自组织的或组织的体系是由能量流产生的，这些能量流通过梯度削减被组织起来。根据施耐德和萨根的看法，“绝大多数‘自组织的’体系从外部获得自由的能量，从而维持它们的组织；它们是通过它们所削减的梯度来组织的。”[335]这种梯度组织在非生命体系中运作，包括贝纳德－瑞莱细胞（Benard–Rayleigh cells）和泰勒漩涡（Taylor vortices），也在建立于基因基础之上的生命体系中运作。

问题是，19世纪给我们留下一对孪生遗产，即进化论和热力学，二者似乎是完全对立的。但是近年来关于复杂性和非平衡热力学的科学著作暗示，这些实际上是熵或梯度削减一个过程的两面，这个过程产生了并不发生于平衡情境中的复杂秩序。平衡就是德勒兹所称的强度，在这里差异被取消且消失不见了。但是熵是梯度削减的积极强度，即德勒兹所说的“非对称性综合”，通过维持强度差异它产生了更多的秩序，即使是在削减了强度差异的时候。德勒兹帮助揭示了“在本质上和感受性，也就是热以及广延，也就是熵联系在一起的超验幻觉”[336]。正如我们在第七章中所看到的那样，只有通过以无热的、更加电磁化的方式来看待核能，我们才能通过重复地球正在进行的事情发现产生能量的新方式。

事件发生着。按照巴迪欧的观点，在德勒兹哲学中有太多的事件，对于巴迪欧来说，这最终意味着在德勒兹那里“只能存在一个事件”[337]。在他的著作《存在与事件》中，巴迪欧以一种非常技术性的方式把事件说成是出自存在的不可预见的闯入，这就使以集合论术语所作的描述。根据巴迪欧，作为存在的存在是多样性的，我们必须从这种多样性中做减法（以至“算作一个”）来代表一种情境。然而，某些情境以某物醒目的方式将包含和所属联结在一起，因为包含在一个集合中的东西会超过属于这个集合的成员。这些情境构成事件的地点，从中事件可能会出现。[338]一旦事件发生，通过对事件的忠实，我们就变成了主体，就像圣保罗对耶稣钉死在十字架上以及重新复活的解释，或对俄国革命的解释，或对1968年巴黎五月风暴的解释。不过，事件是稀缺的，也是不可预测的。

我们对巴迪欧的哲学印象深刻，正如我们在这本书中从头到尾所肯定的那样，但是我们将他的本体论和德勒兹的本体论进行一个对比，然后我们断言德勒兹是一个黑格尔主义者，并且是一个唯物主义者。终极地看，巴迪欧的本体论是原子主义的。就像我们在上一章指出的那样，在他的“大逻辑”（它组成了超过《存在与事件》《世界的逻辑》续篇的大半），巴迪欧提供了一条“原子主义逻辑的根本原理”，它允许我们把对象思考为对象。他说：“当成对时，要素的存在等级不可能超过它们的同一性等级。”[339]即使存在本身是不可化约的多样性，要思考存在我们还必须诉诸于一种原子主义逻辑和同一性逻辑，这意味着在思维和存在之间仍然持存着一个根本的分裂。这就是巴迪欧试图排除德勒兹所说的虚拟物（除了其本体论集合论的虚拟本质外）以及肯定作为原子时刻的实存物的方式。相反，我们肯定德勒兹在《差异与重复》以及后来思想中的虚拟-实存互补性，也肯定由之而来的复杂本体论。

事件不仅仅是发生的事物。不止有一个事件。同时，事件的书目是不可计数的，因为事件既是分叉又是单一性，而且发生在我们称之为有生命的以及我们称之为非生命的物质过程的情境中。德勒兹给予我们资源以扩展语词生命，从而用一种非活力论的、非精神主义的方式来包括和吸收无机过程。在其后期著作中，路易斯·阿尔都塞把事件称作相遇，而相遇发生于他称之为隐秘的偶然唯物主义（aleatory materialism）的情境中。阿尔都塞引证了伊壁鸠鲁、卢克莱修、马基雅维利和马克思，但是我们也可以用黑格尔和德勒兹的措辞来解读这一描述。阿尔都塞参考了伊壁鸠鲁所谓的偏斜（clinamen）的东西，它是一种尽可能小的无穷小偏离，这种偏离导致了相遇，即“世界的堆积和诞生”[340]。阿尔都塞追随伊壁鸠鲁，用原子表达这种偏离，但是我们更愿意用能量流以及梯度差异的消减来看待它。

作为从无限循环的复杂过程产生的相遇、偏离和偶然的结果，事件是所有时间，所有我们周围发生的东西。事件是堆积，而"存在者的形式"是由相遇的结构决定的，这意味着事件"'具有形式'，最后产生形式，以及新的形式"[341]。我们认为，每个事物都是被决定了的，但是任何事物又不是被决定了的；每个事物是偶然，是偶然的相遇，是事件，但是偶然性并不是纯粹的随意性。德勒兹断言，人"并不知道如何游戏"，因为"我们不能肯定所有的偶然性"。"未来的体系"，他说，"必须被称为神的游戏"，因为当所有的偶然性每次甚至所有的时候都被肯定时，就不存在任何预先存在的规则，因为游戏早已对其自身的规则产生了影响，因为儿童-游戏者只能赢。[342]我们不知道如何游戏，因为我们认为游戏意味着既排除同一性又保存同一性，同一性就是并不参与重复游戏的我们自身的一部分。但是只有能变成不同之物的东西才会重复，这就是德勒兹对尼采的永恒轮回的重新解释。我们的同一性是由差异产生的，出自差异；它是差异性强度和多样性的产物。坚持我们的同一性是只会失去的赤裸的、光秃秃的重复，因为同一性不会回归。新唯物主义是相遇和事件的唯物主义。

存在是能量转换，这种转换的发生，是因为梯度差异存在。我们并非生活在一个处于平衡状态中的静态世界。熵是时间之箭，但是这支箭不仅是秩序的丧失，也是秩序的生产。事件或相遇沿着梯度削减的边缘发生，在这里能量流自发地进行自组织以便更有效地实现这种梯度的消减。自然憎恨梯度。我们通过能量流的方式生活，我们也通过它们而死。这就是世界，即所发生的一切，就像维特根斯坦告诉我们的那样。

用生态学的、文化的和政治的术语来说，我们的不可思议的事件就是当代晚期现代资本主义的流逝。资本主义是消费其生产的方式，这个过程相对而言可以持续再长一点时间，也许是二三十年，但是它不会无限期地继续下去。由于剥削以化石燃料形式的廉价能源，人类文明达到了令人眩晕的物质财富和创新发明的高度。在二战之后的较短的和前所未有的时期里，大量的加工过的石油及其产品导致了一波增长，然而其内在的不平均也仍然水涨船高。这个发展的前沿是通过英美石油公司以及衰落的大英帝国和上升的美利坚合众国的银行业的合作来开拓的。美国的世纪则是依靠巨大的国内、外（沙特）石油储备来提供燃料。1970年左右，伴随着美国石油的峰值（阿拉斯加不算在内），这个过程也达到了极限。自1970年以来，通过将越来越多的资源分配给企业精英阶层，资本主义面临着不断下降的增长率。富者越富，穷者越穷。就过去近十年全球范围的国家、阶层和人民来说，这是一个真实的趋势。资本主义能够幸存的唯一方式就是为自己以及企业的支持者（和银行家们）划拨越来越多的资源，但是这个过程使得全世界的人民越来越贫困化，创造了戴维斯（Mike Davis）称之为"贫民窟星球"的东西。[343]

再者，这个过程也不可能永远继续。我们必须得为资本主义的终结做好准备。我们正在到达一个分叉点，就像沃勒斯坦（Immanuel Wallerstein）解释的那样，我们有一个独一无二的机会来创造某种新事物。在其著作《美国力量的衰落》中，沃勒斯坦认为由于它达到了增长的真实极限，资本主义世界体系也达到了一种永恒的危机状态，在其中它"分叉——也就是说，伴随着一种新的平衡，新的周期性规律，新的世俗化趋势，它发现自己处在通过新结构的两个甚至更多可替代的道路之前"[344]。我们正在进入这种永恒的危机状态。这个初始阶段的开端是在1970年左右，但是在21世纪的头十年，我们达到了另一个阶段，即由于十年中间全球石油峰值到来而引发的危机的深化，一直以来所产生的最大的投机泡沫的崩溃，2007年破灭，并导致大萧条结束以来最严峻的全球性衰退的房地产/衍生泡沫。就像2012年的情况一样，伴随着高失业率，以及欧洲和其他各处都在持续的债务危机，我们正在迫切地试图复苏，一阵阵地。根本的问题却是，没有另一种廉价能源资源，我们就不可能真正地复苏。一旦经济开始复苏，能源（石油和燃气）价格就会上涨，而这实际上是关闭了复苏。

作为勾画这种处境的尝试的一部分，作为收集、提供以及刺激新资源以便于思考和生存的努力，我们拿出这本书。不存在任何容易的答案，也不存在任何灵丹妙药。但是如果我们要在虚幻的、空想的解答中避难的话，那么我们就不可能解决我们所面对的困难议题。我们必须认真对待这个物质世界。考虑到数字文化，我们说它还不止是大众文化和消费主义。在它总已经是政治性的这个意义上，数字文化是物质的。不管它是采取不祥的老大哥的形式，还是承认其作为小兄弟的解放潜能，都是由我们来决定。考虑到宗教，旧唯物主义批判遗留给我们一种强烈的怀疑诠释学，但是宗教仍然继续存在。宗教或许是一种错误意识的形式，但是就其本身而言，它同时向我们揭示了某种关于人类意识本性的东西。旧唯物主义梦想一劳永逸地把宗教从世界中排除出去，新唯物主义将其揭示为它自己的宗教想象。关于政治，我们必须区分民主政治和作为国家形式的民主，正如关于艺术，其去物质化一定不要和它的去政治化相混淆。说现代资本指派并歪曲了政治和艺术，并不是说我们把任何一个放在一边，而是为了明白它们现在的潜能。类似地，关于伦理学，虽然其禁欲的冲动使得文化超过自然，但是我们断言，我们现在最迫切需要的是一个道德的谱系——一种不是设立用来和自然对立，而是和作为其主体的地球一起的伦理学。按照这种方式，我们可以通过致力于有机物和无机物规律来思考超越禁欲主义的伦理学，然后努力做到与这种规律同步。

按照这种方式，我们的伦理学与我们关于能量、存在和逻辑所说的一切相一致，并且有助于为其铺平道路。简而言之，正如我们非常需要一种新能源一样，但是它不是由关于自然的乌托邦观点或反对萎靡人性的破坏性愤怒所驱使，所以我们也必须思考一种石油之后的未来能源。

该是我们承认我们的自由是有限的时候了。我们并不拥有另一个地球，所以我们必须改变我们和这个星球的关系。地球，用黑格尔的话说，必须不再是一个实体，而是变成一个主体，不过是以一种真正辩证的方式，而不是想象的盖娅(Gaia)或者某个宽恕我们的原罪以及修正我们错误的宽容的地球-女神-母亲。我们需要一种新的地球规则(Nomos)，就像德勒兹和迦塔里在《千座高原》的结尾处所召唤的那样。他们比较了建立在游牧学(nomadology)基础上的规则，和一种更为传统的律法或逻各斯。规则是由一种平坦空间构成的，即一种会导致去疆界化，领地的打破和打开，或有条纹空间的异质性领域。[345]他们思想中的去疆界化并不是反对地球，而是在绝对的去疆界化中，"导致新地球的产生"[346]。我们不寻求解析几何的分层，而是寻求平坦的地球的规则-空间，那个震动我们的强磁电能源，一个用黑格尔的话说，不仅是惰性实体，而且是动力主体，德勒兹式游牧主体的地球。

《千座高原》的最后一个词和句子读作："机器界"(Mechanosphere)。[347]我们提议，地球更准确地说是一个磁层(magnetosphere)，磁层是平稳的然而却是密集的空间，它涉及大气层和铰接层(articulated strata)，它们使得地球成为它自己。地球是一个非常特别的星球；它终结于太阳能吸积盘中的核材料的最大份额。这些核元素产生了磁层，磁层反过来产生了大气层。没有磁场的持续生产，地球的大气层就会被剥离，就像火星的大气层被借助于太阳的星际磁场的轨道剥离一样。[348]火星过去总是有一个大气层和磁层，因此也有水和生命，但是它耗尽了其核材料；它的磁层死掉了，它的大气层被掐断到空间中。我们不知道人类是否以及在何种程度上有一个未来，但是地球仍然有一个未来。

任何新唯物主义都存在赌注。地球通过我们而成为它自己；我们可以参与这项方案，要么我们就灭绝。灭绝是任何特定生命形式的终点，因为我们并不知道有生命而无死亡意味着什么，不管是就个体而言，还是以种族而言。但是如果我们想要我们的文明继续存在稍长一点儿,我们就得承认我们与地球的共存以及在地球中共存。这不仅仅是我们的存在的根基,而且是我们的生命和思想的动力强度。神学需要从其与一个特殊的事件,即耶稣被钉死在十字架上以及重新复活的联系中解脱出来。并不是说这不是一个真正的事件,而是说它不要充满神学思维的所有潜在的可能性。一种摆脱对确定形式的基督教忠诚的激进神学不仅敢于思考神学唯物主义,而且敢于思考关于地球的新唯物主义,它超越那种让我们迂回并后于它的全球化之意识形态。

注释

1. Catherine Malabou, Plasticity at the Dusk of Writing: Dialectic, Destruction, Deconstruction, trans. Carolyn Shread, (New York: Columbia University Press, 2009), p.61.

2. 马丁·海德格尔:《只有一个上帝能够救渡我们》,《明镜周刊》,1976 年 5 月 31 日,第 193-219 页。玛利亚·奥尔特、约翰·卡普托英译,最初出现于《今日哲学》,1976 年,第 20 期,第 267-284 页。引自 Martin Heidegger and National Socialism, ed. Gunther Neske and Emil Kettering (New York: Paragon House, 1990), p.51.

3. Chris Hedges, Empire of Illusion: The End of Literacy and the Triumph of Spectacle (New York: Nation Books, 2010).

4. Mike Davis, Planets of Slums (London: Verso, 2006), p.15.

5. Jean-Bertrand Aristide, Eyes of the Heart: Seeking a Path for the Poor in an Age of Globalization (Monroe, ME: Common Courage Press, 2000), p.10. 也参见 Peter Hallward, Damning the Flood: Haiti and the Politics of Containment (London: Verso Books, 2010).

6. 同上,第 36 页。

7. Frederick Kaufman, "The Food Bubble: How Wall Street Starved Million and Got Away with it" Harper's Magazine (July 2010), p.33.

8. 同上,第 34 页。

9. Alan Weisman, The World Without Us (New York: Picador, 2008).

10. 除了引用在本章题词中的马拉布对新唯物主义的提倡,还有其他关于这种唯物主义的重建式理解和改造式理解的例子,马克思主义、女性主义和德勒兹以不同的方式提供了这方面的知识。参见 New Materialism: Ontology, Agency and Politics, ed. Diana Coole and Samantha Frost (Durham: Duke University Press, 2010).

11. 参见我们最近的论政治神学的著作:Clayton Crockett, Radical Political Theology: Religion and Politics After Liberalism (New York: Columbia University Press, 2011), 以及 Jeffery W. Robbins, Radical Democracy and Political Theology (New York: Columbia University Press, 2011), 以及我们与克莱斯顿·戴维斯和斯拉沃热·齐泽克共同编辑

的丛书系列，其标题是："造反：宗教、政治和文化的批判性研究"。我们所提倡的和写作的另一个名称应该是造反主义神学。

12. 参见 Karl Polanyi, The Great Transformation: The Political and Economic Origins of Our Time (Boston: Beacon Press, 2001).

13. 关于对黑格尔的这种新理解，参见 Hegel and the Infinite: Religion, Politics and Dialectics, ed. Slavoj Žižek、Clayton Crockett and Creston Davis (New York: Columbia University Press, 2011)，这本书包括了马拉布和齐泽克的章节。另外参见 Catherine Malabou, The Future of Hegel: Plasticity, Temporality and Dialectic, trans. Lisabeth During (London: Routledge, 2004)，以及齐泽克论黑格尔的巨著：Less Than Nothing (London: Verso, 2012)。

14. 参见 Eric D. Schneider and Dorion Sagan, Into the Cool: Energy Flow, Thermodynamics and Life (Chicago: University of Chicago Press, 2006).

15. Gilles Deleuze and Felix Guattari, A Thousand Plateaus, trans. Brian Massumi (Minneapolis: University of Minnesota Press, 1987), p.509.

16. Christopher Lasch, The Culture of Narcissism: American Life in an Age of Diminishing Expectations (New York: W. W. Norton & Company, 1978), p.15.

17. Slavoj Žižek, "Occupy First. Demands Come Later," Guardian (October 26, 2011): https://www.theguardian.com/commentisfree/2011/oct/26/occupy-protesters-bill-clinton.

18. McKenzie Wark, "How to Occupy an Abstraction" (October3, 2011): https://www.versobooks.com/blogs/728.

19. 拉什，第 30 页。

20. 同上，第 22 页。

21. 同上，第 16 页。

22. 同上，第 30 页。

23. Dan Gilmor, "Us, Not You", Center for Citizen Media Blog (December17, 2006): https://citmedia.org/blog/2006/12/17/us-not-you.

24. Gianni Vattimo, The Transparent Society, trans. David Webb (Baltimore: John Hopkins Press, 1992), p.4.

25. 同上，第 7 页。

26. 同上，第 4 页。

27. Lev Grossman, "Iran Protests: Twitter, the Medium of the Movement," Time (June 17, 2009): http://www.time.com/time/world/article/0,8599,1905125,00.html.

28. 参见 Douglas Rushkoff, "How Iran's Hackers Killed Big Brother," The Daily Beast (June6, 2009): http://www.thedailybeast.com/articles/2009/06/16/how-irans-hackers-

killed-big-brother.html.

29. 参见 Jared Keller, "Evaluating Iran's Twitter Revolution," The Atlantic (June 18, 2010): http://www.theatlantic.com/technology/archive/2010/06/evaluating-irans-twitter-revolution/58337.

30. Douglas Rushkoff, "Think Occupy Wall St. Is a Phase? You Don't Get It," CNN.com: http://www.rushkoff.com/blog/2011/10/5/think-occupy-wall-st-is-a-phase-you-dont-get-it.html.

31. 同上。

32. 参见"Warning Over 'Surveillance State,'" BBC News (February 6, 2009), http://news.bbc.co.uk/1/hi/7872425.stm?/sm.

33. 参见 Joshua Fairfield, Escape into the Panopticon: Virtual Worlds and the Surveillance Society, 118 Yale L. J. Pocket Par131 (2009): http://thepocketpart.org/2009/01/19/fairfield.html.

34. 参见 Tanzina Vega, "Code That Tracks Users' Browsing Prompts Lawsuits," New York Times (September 21, 2010): B3.

35. Bruce Schneier, "Technology Shouldn't Give Big Brother a Head Start," MPR News Q (July 31, 2009): http://www.schneier.com/essay-281.html.

36. Ryan Tate, "Facebook's New 'Privacy' Scheme Smells Like an Anti-Privacy Plot." http://gawker.com/5417145/facebooks-new-privacy-scheme-smells-like-an-anti+privacy-plot.

37. Douglas Rushkoff, Life Inc.: How the World Became a Corporation and How to Take It Back (New York: Random House, 2009), p.114.

38. 同上,第 120-121 页。

39. 同上,第 125 页。

40. 参见 Sheldon S. Wolin, Democracy Inc.: Managed Democracy and the Specter of Inverted Totalitarianism (Princeton: Princeton University Press, 2008).

41. Cory Doctorow, Little Brother (New York: A Tom Doherty Associates Book, 2008), p. 127.

42. Michael Hardt and Antonio Negri, Multitude: War and Democracy in the Age of Empire (New York: Penguin Press, 2004), pp.339-340.

43. 这份材料编译于2010年9月21日。

44. Douglas Rushkoff, Life Inc.: How the World Became a Corporation and How to Take It Back (New York: Random House, 2009), p.131.

45. Ludwig Feuerbach, The Essence of Christianity, trans. George Elliot (Amherst: Prometheus Books, 1989, p. xxi. (emphasis his).

46. 同上，第 12 页。

47. 同上，第 26 页。

48. 同上，第 33 页。

49. Van A. Harvey, Feuerbach and the Interpretation of Religion (Cambridge: Cambridge University Press, 1995), p.136.

50. Karl Marx and Friedrich Engels, On Religion (Atlanta: Scholar Press, 1964), p.224.

51. Van A. Harvey, Feuerbach and the Interpretation of Religion (Cambridge: Cambridge University Press, 1995), p.136.

52. 同上，第 41 页。

53. 参见 "Thesis on Feuerbach," in Karl Marx and Friedrich Engels, On Religion, p.69.

54. 同上，（强调处为其本人所加）。

55. 同上，第 71 页。

56. 同上，（强调处为其本人所加）。

57. Karl Marx, "Contribution to the Critique of Hegel's Philosophy of Right," in Karl Marx and Friedrich Engels, On Religion, p.42.

58. Ernest Jones, The Life and Work of Sigmund Freud, Vol.3 (New York: Basic Books, 1957), p.351.

59. Daniel Pals, Eight Theories of Religion, 2nd Edition (New York: Oxford University Press, 2006), p.64.

60. 同上。

61. 同上，第 75 页。

62. Sigmund Freud, The Future of an Illusion, trans. James Strachey (New York: W. W. Norton, 1961), pp.6, 8.

63. 同上，第 26–27 页。

64. 同上，第 24–25 页。

65. 同上，第 40、38 页。

66. 同上，第 47 页。

67. 参见 Slavoj Žižek and John Milbank, The Monstrosity of Christ: Paradox or Dialetic?, ed. Creston Davis (Cambridge: MIT Press, 2009), p.17.

68. 同上，第 26 页。

69. 同上，第 27 页。

70. 参见 Robert Whitaker, Anatomy of an Epidemic: Magic Bullets, Psychiatric Drugs and the Astonishing Rise of Mental Illness in America (New York: Crown, 2010).

71. Sigmund Freud, The Future of an Illusion, trans. James Strachey (New York: W. W. Norton, 1961), p.69.

72. Slavoj Žižek and John Milbank, The Monstrosity of Christ: Paradox or Dialetic?, ed. Creston Davis (Cambridge: MIT Press, 2009), p.33.

73. 参见 Giorgio Agamben, The Coming Community (Minneapolis: University of Minnesota Press, 1993).

74. Slavoj Žižek and John Milbank, The Monstrosity of Christ: Paradox or Dialetic?, ed. Creston Davis (Cambridge: MIT Press, 2009), p.25.

75. 同上,第 33 页。

76. 同上,第 31 页。

77. Slavoj Žižek, The Parallax View (Cambridge: MIT Press, 2006), p.353.

78. 同上,第 347 页。

79. 同上,第 348 页。

80. 同上,第 348 页。

81. 同上。

82. 同上,第 353 页。

83. 参见 Slavoj Žižek, The Sublime Object of Ideology (London and New York: Verso, 1989), p.34.

84. Slavoj Žižek and John Milbank, The Monstrosity of Christ: Paradox or Dialetic?, ed. Creston Davis (Cambridge: MIT Press, 2009), p.18.

85. Cross and Khôra: Deconstruction and Christianity in the World of John D. Caputo, ed. Mark Zlomislic and Neal DeRoo (Eugene: Pickwick Publications, 2010), p.135.

86. Slavoj Žižek, The Parallax View (Cambridge: MIT Press, 2006), p.351.

87. Eric Gorski, "Ted Haggard, Disgraced Pastor, Returns as Christian Businessman," The Huffington Post (November 23, 2008): http://www.huffingtonpost.com/2008/11/23/disgraced-pastor-ted-hagg_n_145866.html?page=3.

88. Philip Goodchild, A Theology of Money (London: SCM Press, 2007), p.6.

89. 参见《马太福音 14:13-21》《马可福音 6:31-44》《路加福音 9:10-17》《约翰福音 6:5-15》。

90. 参见《马太福音 14:15b》。

91. 参见 John Dominic Crossan, The Greatest Prayer: Rediscovering the Revolutionary Message of the Lord's Prayer (New York: HarperOne, 2011).

92. Slavoj Žižek and John Milbank, The Monstrosity of Christ, 2009, p.4.

93. 同上,第 3 页。

94. 关于这个论题的最清楚的概括,参见 Jacques Rancière, Hatred of Democracy

(New York: Verso, 2006) 以及 Antonio Negri, Time for Revolution (New York: Continuum, 2003),尤其是第 139–261 页。

95. 同上,第 235 页。

96. 同上,第 225 页。

97. Hent de Vries, "Introduction: Before, Around and Beyond the Theologico–Political," in Political Theologies: Public Religions in a Post–Secular World, ed. Hent de Vries and Lawrence Sullivan (New York: Fordham University Press, 2006), p.3.

98. John Caputo, On Religion, (New York: Routledge, 2001), p.37.

99. Hent de Vries, Philosophy and the Turn to Religion (Baltimore and London: John Hopkins University Press, 1999), pp.2–3.

100. 同上,第 3 页。

101. 同上,第 9 页。

102. 同上,第 18 页。

103. 尤金·哈贝马斯:《"政治":政治神学之可疑继承的理性意义》,发表于 2009 年 10 月 22 日在纽约大学举办的关于公共领域中宗教的力量研讨会。这篇演讲和朱迪斯·巴特勒、科内尔·威斯特以及查尔斯·泰勒的文章一起被安排在即将出版的一卷中,这就是:Eduardo Mendiata and Jonathan Van Antwerpern, The Power of Religion in the Public Sphere (Columbia University Press).

104. 斯拉沃热·齐泽克:《悬崖上的猫会摔下来吗?》早在 2009 年 6 月 24 日就出现在网上广为流传的一篇博客中。参见 http://www.htlblog.com/?p=519(2009 年 12 月 10 日访问该网址)。

105. 同上。

106. 参见 安东尼·沙迪德:《在中东骚乱之谜中,土耳其提供自身作为答案》,《纽约时报》,2011 年 9 月 30 日,A4。

107. 安东尼·沙迪德、大卫·柯克帕特里克:《阿拉伯世界中的积极分子竟相定义伊斯兰国家》,《纽约时报》,2011 年 9 月 30 日,A1。

108. 参见 Colin Crouch, Post–Democracy, (Cambridge: Polity Press, 2005), 以及 Sheldon S. Wolin, Democracy Inc.: Managed Democracy and the Specter of Inverted Totalitarianism (Princeton: Princeton University Press, 2008).

109. 贾森·里德:《从零年开始:占领华尔街和社会政治的转型》,《零年:占领华尔街和社会政治的转型》,http://interactivist.autonomedia.org/node/42726。

110. Francis Fukuyama, America at the Crossroads: Democracy, Power and the Neoconservative Legacy (New Haven: Yale University Press, 1997), p.67.

111. 同上,第 72 页。

112. 同上,第 74 页。

113. 参见 Michael Hardt and Antonio Negri, Empire (Cambridge: Harvard University Press, 2000), 以及 Multitude: War and Democracy in the Age of Empire (New York: Penguin Press, 2004)。

114. Antonio Negri, The Savage Anomaly: The Power of Spinoza's Metaphysics and Politics, trans. Michael Hardt (Minneapolis: University of Minnesota Press, 1991), p.202.

115. Baruch Spinoza, Political Treatise, trans. Samuel Shirley (Indianapolis: Hackett Publishing Company, 2000), p.44.

116. 同上。

117. Rocco Gangle, "Sovereignty and State-Form," in The Sleeping Giant Has Awoken: The New Politics of Religion in the United States, ed. Jeffery W. Robbins and Neal Magee (New York: Continuum, 2008), p.141.

118. Slavoj Žižek, Tarrying with the Negative: Kant, Hegel and the Critique of Ideology (Durham: Duke University Press, 1993), p.171.

119. Jacques Derrida, The Politics of Friendship, trans. George Collins (New York: Verso Press, 1997), p.83.

120. 同上。

121. 同上,第 156 页。

122. 同上,第 155-156 页。

123. 同上,第 158 页。

124. 同上,第 159 页。

125. 同上。

126. 同上,第 162 页。

127. 同上,第 163 页。

128. 同上,第 83 页。

129. 同上,第 159 页。

130. 参见 John H. Zammito, The Genesis of Kant's Critique of Judgment (Chicago: University of Chicago, 1992), p.46.

131. Immanuel Kant, Critique of Judgment, trans. Werner S. Pluhar (Indianapolis: Hackett Publishing, 1987), p.15(emphasis in original).

132. Mark C. Taylor, Confidence Games: Money and Markets in a World Without Redemption (Chicago: University of Chicago Press, 2004), p.98.

133. Immanuel Kant, Critique of Judgment, trans. Werner S. Pluhar (Indianapolis: Hackett Publishing, 1987), p.115(emphasis in original).

134. Friedrich Nietzsche, Basic Writings of Nietzsche, trans. Walter Kaufmann (New York: Random House, 1968), p.256.

135. 参见 Friedrich Nietzsche, "First Essay," On The Genealogy of Morals and Ecce Homo, trans. and ed. Walter Kaufmann (New York: Random House, 1957), pp.24–56.

136. Henry, comte de St. Simon, "The Artist, the Savant and the Industrialist," in Art in Theory 1815–1900: An Anthology of Changing Ideas, ed. Charles Harrison and Paul Wood with Jason Gaiger (Oxford: Blackwell, 1998), p.40.

137. Hakim Bey, TAZ: The Temporary Autonomous Zone, Ontological Anarchy, Poetic Terrorism (Brooklyn, NY: Autonomedia, 1985 年), http://hermetic.com/bey/taz_cont.html.

138. 安德鲁·布莱顿、迪戈·里维拉:《独立的革命艺术宣言》, http://www.marxists.org/subject/art/lit_crit/works/rivera/manifesto.htm。

139. 参见 Jean Baudrillard, Simulacra & Simulation, trans. Sheila Faria Glaser (Ann Arbor: University of Michigan Press, 1994).

140. 参见 Taylor, Confidence Games, Chapter 1, pp.17–53.

141. 参见 Nicolas Bourriaud, Relational Aesthetics, trans. Simon Pleasance and Fronda Woods (Dijon: les presses du réel, 2002).

142. 参见 Gabriel Vahanian, The Death of God: The Culture of Our Post–Christian Era (New York: George Braziller, 1957).

143. Guy Debord, "Report on the Construction of Situations," in Situationist International Anthology, ed. Ken Knabb (Bureau of Public Secrets, 2007, pp.25–46.

144. Terry Eagleton, The Ideology of the Aesthetic (London: Wiley–Blackwell, 1991, p.212.

145. 一个例外可能是《介入主义者:社会领域中的艺术》,麻省当代艺术博物馆,2004–2005 年夏季展,2004 年 5 月 29 日开放。这个展览考察了近期的和当下的介入主义实践,展现了 29 位艺术家和集体的作品。参见 http://www.massmoca.org/event_details.php?id=38。

146. Félix Guattari, Chaosmosis: An Ethico–aesthetic Paradigm (Bloomington: Indiana University Press, 1995), p.131.

147. Joseph Beuys, "I Am Searching for a Field Character," Energy Plan for the Western Man: Joseph Beuys in America, compiled by Carin Kuoni (New York: Four Walls Eight Windows, 1990), pp.21–23.

148. Terry Eagleton, The Ideology of the Aesthetic (London: Wiley–Blackwell, 1991, p.217.

149. 同上,第 214–215 页。

150. 同上,第 216 页。

151. Joseph Beuys, What is Art?, trans. Matthew Barton and Shelley Sacks, ed. Volker Harlan (Forest Row: Clairview Books, 2004), p.20.

152. 同上，第 27 页。

153. Catherine Malabou, What Should We Do with Our Brain?, trans. Sebastian Rand (New York: Fordham University Press, 2008), p.5.

154. 同上，第 13 页。

155. Jacques Rancière, The Politics of Aesthetics, trans. Gabriel Rockhill (London: Continuum, 2004), p.40.

156. 同上，第 30 页。

157. Alan Badiou, Ethics: An Essay on the Understanding of Evil, trans. Peter Hallward (London: Verso, 2001), p.2.

158. 同上，第 28 页(强调处系原文所加)。

159. 参见 Alan Badiou, Being and Event, trans. Ray Brassier (London: Continuum, 2006).

160. Badiou, Ethics, p.42.

161. 同上，第 71 页。

162. 同上，第 16 页。

163. Friedrich Nietzsche, The Birth of Tragedy & The Genealogy of Morals, trans. Francis Golffing (New York: Anchor Books, 1956), p.298 (emphasis in original).

164. 同上，第 297 页。

165. 同上，第 297 页。

166. Carl Schmitt, The Concept of the Political, trans. George Schwab (Chicago: University of Chicago Press, 1995), p.26.

167. 同上，第 35 页。

168. Michael Hardt and Antonio Negri, Multitude: War and Democracy in the Age of Empire (New York: Penguin Press, 2004), p.239.

169. Philip Goodchild, A Theology of Money (London: SCM Press, 2007), p.7.

170. 同上，第 10 页。

171. 同上，第 12 页。

172. 同上，第 13–14 页。

173. David Graeber, Debt: The First 5,000 Years (Brooklyn, NY: Melville House Publishing, 2011), p.391.

174. 同上，第 96 页。

175. 同上，第 121 页。

176. Martin Heidegger, The Question Concerning Technology and Other Essays, trans. William Lovitt (New York: Harper & Row, 1977), p.17.

177. Martin Heidegger, Discourse on Thinking, trans. John M. Anderson and E. Hans

Freund (New York: Harper & Row, 1966), P.47 (emphasis in original).

178. 同上,第 54 页。

179. 要了解与后来法国哲学以及与伦理学、宗教和政治关系,参见 Mary-Jane Rubenstein, Wondrous Strange: The Closure of Metaphysics and the Opening of Awe (New York: Columbia University Press, 2009)。也见 Gianni Vattimo and Santiago Zabala, Hermeneutic Communism (New York: Columbia University Press, 2011),其中他们提供了一种对作为政治思想家的海德格尔的正面价值的有说服力的辩护。最后,参见 Catherine Malabou, The Heidegger Change: On the Fantastic in Philosophy, trans. Peter Skafish (Albany: State University of New York Press, 2011)中用变化、转换、变形和交换这些术语对海德格尔所作的非凡解读。

180. Baruch Spinoza, Ethics, Treatise on The Emendation of the Intellect and Selected Letters, trans. Samuel Shirley (Indiana: Hackett Publishing, 1992), p.31 (Definition 6).

181. 同上,第 48 页。

182. 同上,第 63 页(定义 1 和定义 3)。

183. 同上,第 52 页(命题 29,注释)。

184. Gill Deleuze, Nietzsche and Philosophy, trans. Hugh Tomlinson (New York: Columbia University Press, 1983, p.40.

185. 同上,第 57 页。

186. 同上,第 111 页。

187. Spinoza, Ethics, p.201 (Preface to Book V).

188. 同上,第 90 页(注释 2)。

189. 同上,第 214 页(命题 24)。

190. 参见 Clayton Crockett, "Beyond Heat: Energy of Life," in Cosmology, Ecology and the Energy of God, ed. Donna Bowman and Clayton Crockett (New York: Fordham University Press, 2011). 这一章覆盖了某些相同的理由。

191. 参见 R. McNeil Alexander, Energy for Animal Life (Oxford: Oxford University Press, 1999), p.5.

192. 同上,第 24 页。

193. J. C. Heesterman, The Broken World of Sacrifice: An Essay in Ancient Indian Ritual (Chicago: University of Chicago Press, 1993), p.23.

194. George Monbiot, Heat: How to Stop the Planet From Burning (Cambridge, MA: South End Press, 2007), p.6.

195. 同上,第 13 页。

196. 参见 Herman E. Daly, Beyond Growth: The Economics of Sustainable Development (Boston: Beacon Press, 1996).

197. 参见 Kenneth S. Deffeyes, Beyond Oil: The View From Hubbert's Peak (New York: Hill and Wang, 2005), p.49.

198. 石油起初得到发展是因为它的更大的便利。煤炭比石油体积大得多,脏得多,而且需要更大的数量来搬运和燃烧。比较而言,石油更容易搬运,而且燃烧起来也有更好的表现。如果要蒸汽机运转的话,不仅必须考虑笨重的煤炭,而且还要考虑巨量的淡水储备。不过这二者都被内燃机的直接工作给消除了。

199. 在太平洋战场,日本针对中国的帝国主义计划主要就是因为满洲提供的石油所驱动的。

200. 每天百万桶(mb/d)石油,以美国本土48州、内陆架以及墨西哥湾的平均值而言。

201. Kenneth S. Deffeyes, Beyond Oil, p.44.

202. 在其最高峰时,即1984—1985年间,阿拉斯加北坡开采的石油就是每天2.1百万桶,这并非巧合,而就是泛阿拉斯加输油管道的设计最大容量。现在的开采徘徊在每天65万桶,当容量下降到每天35万桶时,就会发生输油管道的实际关停。见金姆·墨菲:《泛阿拉斯加输油管道蒙上阴影》,《阿肯色民主公报》,2010年8月22日。

203. M.金·哈伯特:《核能与化石燃料》,1995年出版,德克萨斯休斯顿:壳发展公司,1956年6月,图表20和21。该网址可以获得:www.hubbertpeak.com/hubbert/1956/1956pdf。

204. 论沙特阿拉伯,参见 Matthew R. Simmons, Twilight in the Desert: The Coming Saudi Oil Shock and the World Economy (New York: John Wiley & Sons, 2005)。

205. 根据詹姆斯·默里和大卫·金,2005年是全球最高年份记录,"石油的临界点已经过去了",《自然》,2012年1月26日,第481卷,第433-435页。就像肯尼斯·迪法耶斯在乔尔·阿肯巴克的一篇文章中所述的那样,2005年是全球最高年份记录,"英国石油公司漏油事件:84天以及还在增长:罕见的地质因素的混合创造了财富,但却是危险的储备",《华盛顿邮报》,2010年7月13日。这是在2006年时推动高峰年的另一个资源,就像美国有线电视新闻网宣称的那样,"德国能源观察机构发布了一份报告。星期二说,世界的石油生产在2006年达到了最高点,从现在开始将每年下降大约3%"。美国有线电视新闻网国际服务台编辑,"报道:'石油峰值输出'的世界",美国有线电视新闻网国际频道,2007年10月24日,格林威治标准时间11:41,香港时间19:41更新。http://edition.cnn.com/2007/BUSINESS/10/24/oil.decline/index.html。

206. 詹姆斯·默里和大卫·金:《自然》,2012年1月26日,第481卷,第433-435页。

207. 参见 Thom Hartmann, The Last Hours of Ancient Sunlight: The Fate of the World

and What We Can Do About It before It's Too Late (New York: Three Rivers Press, 2004), pp.10–11.

208. 同上,第7页。

209. 这是2010年夏肯尼斯·迪法耶斯在《华盛顿邮报》中所作的论证,期间正是人类历史上发生的最严重的石油海洋灾难显露之时,也就是说。从地下提取的石油的全球最高产量早已于2005年就达到高原期了。参见 Achenbach, The Washington Post (Tuesday, July 13, 2010): http://www.washingtonpost.com/wp-dyn/content/article/2010/07/12/AR2010071204239.html?hpid=topnews.

210. David Goodstein, Out of Gas: The End of the Age of Oil (New York: W. W. Norton & Company, 2004年).

211.《原油觉醒:石油危机》,巴泽尔·盖尔帕克、雷·麦考马克撰写、制作和导演,莱托·卡达夫合作导演,2006年,http://www.oilcrashmovie.com/index2.html。

212. "古德斯坦教授讨论降低石油储备",汤尼·琼斯访谈,http://www.energybulletin.net/node/3322。

213. 马修·L. 沃德:《萧条的经济减少了对建造核反应堆的期望》,《纽约时报》,2010年10月10日,http://www.nytimes.com/2010/10/11/business/energy-environment/11power.html?_r=1&pagewanted=all。

214. A Crude Awakening: http://www.oilcrashmovie.com/index2.html。

215. 同上。

216. 关于核能的好的资源和概述,参见 Richard L. Garwin and Georges Charpak, Megawatts + Megatons: The Future of Nuclear Power and Nuclear Weapons (Chicago: University of Chicago Press, 2002)。作者合理地想要强调前者而淡化后者,但是我们认为,存在着一种推动当代关于将核动力(nuclear power)注入核能(nuclear energy)与核炸弹的共同假设,我们需要思考和炸弹以及锅炉不同的核能,这二者都是由热来驱动的。

217. 参见 George Monbiot, Heat: How to Stop the Planet From Burning (Cambridge, MA: South End Press, 2007).

218. Albert Einstein and Leopold Infeld, The Evolution of Physics: from Early Concepts to Relativity and Quanta (New York: Simon & Schuster, 1938, renewed 1966), pp.151–152.

219. 阿尔伯特·爱因斯坦:《论运动物体的电动力学》,1905年6月30日收稿,1905年9月26日以原始德文形式发表于《物理学年鉴》第17期,http://www.fourmilab.ch/etexts/einstein/specrel/specrel.pdf。

220. 阿尔伯特·爱因斯坦:《关于光的生产和转化的一个启发性观点》,1905年5月11日收稿;1905年6月9日以原始德文形式发表于《物理学年鉴》第17期,http://www.scribd.com/doc/10571708/Albert-Einstein-On-a-Heuristic-Point-of-View-Concern-

ing-the-Production-and-Transformation-of-Light。

221. 阿尔伯特·爱因斯坦:《一个物体的惯性依赖于它所含的能量吗?》,1905年9月27日收稿,1905年11月12日以原始德文形式发表于《物理学年鉴》第18期,http://www.fourmilab.ch/etexts/einstein/E_mc2/e_mc2.pdf。

222. 阿尔伯特·爱因斯坦:《热的分子运动论所要求的静液体中悬浮粒子的运动》,1905年5月11日收稿,1905年7月18日以德文形式发表于《物理学年鉴》第17期,http://lyle.smu.edu/ee/5375/downloads/Lectures/Lecturel11/einstein-bm.pdf。

223. 参见 Eric D. Schneider and Dorion Sagan, Into the Cool: Energy Flow, Thermodynamics and Life (Chicago: University of Chicago Press, 2005), Chapter One: "The Schrödinger Paradox," pp.11-24.

224. 参见 Ilya Prigogine, From Being to Becoming: Time and Complexity in the Physical Sciences (San Francisco: W.H. Freeman and Company, 1980), 以及 The End of Certainty: Time, Chaos and the New Laws of Nature (New York: The Free Press, 1997)。

225. 要了解这个新的21世纪非平衡热力学的最好概述和表现,参见 Eric D. Schneider and Dorion Sagan, Into the Cool: Energy Flow, Thermodynamics and Life (Chicago: University of Chicago Press, 2005), chapters1-10, pp.11-139。

226. 参见 James Gleick, Chaos: Making a New Science (New York: Penguin Books, 1987).

227. 走向发展一种解释地球磁场的替代方法的最初步骤开始于这一点以及20世纪60年代几位理论家的著作,F. A. 戈兹沃西:《完美传导的粘性流体的磁流体动力学流动》,《流体动力学杂志》,1961年,第11卷,第519-528页。

228. 克里斯托弗·J. 塔尔伯特、马丁·P. 杰克森:《盐体构造》,《科学美国人》,1987年,第257卷,第2期,第70-79页。

229. Eric D. Schneider and Dorion Sagan, Into the Cool, p.72.

230. 你可以亲自在一个瓶中的风暴里看到这种自组织。这是很容易做到的。取两个完全透明的、碳化的、有香味的水瓶,并且将它们彻底洗净。去五金店,买一个PVC1/2直径管子外部接头连接器。在一个瓶子里放一滴蓝色食用色素。添加蒸馏的瓶装水,然后倒满2/3—3/4。把PVC连接器放入一个瓶子的嘴里,接着将另一个瓶子的嘴紧紧地安装到PVC连接器的余下部分上。你可以用环氧树脂把瓶子胶合到连接器,或者就是仔细地将它们挤合在一起。现在把整个事情颠倒过来。仔细看。如果你不搅动瓶子,那么你最可能看见并且听见大声汩汩作响的泡沫,它们慢慢地升起,因为水效率很低地落入瓶底。这就是通过虹吸漩涡的即时构造而形成的无组织的、低效率的梯度削减。注意通过虹吸管,水向下流,以及空气向上流有多快和多安静。大多数时间里,瓶子顶部的一个轻轻的旋转就会开始这个自我组织。

231. H. P. 邦格、C. R. 哈格伯格、B. J. 特拉维斯:《地幔对流和变分资料同化》,《国际地球物理学杂志》,2003 年,第 152 卷,第 1–22 页。最后修改,2006 年 9 月 7 日,21:53 EU WDT—GMT+1。访问,2008 年 11 月 21 日,19:27 美国 CST—GMT–6。这是计算机建模的。参见 http://www.geophysik.lmu.de/research/geodynamics/data-assimilaton。

232. 参见最近一篇由阿诺德·邱利亚特及其同事论《极地磁性上升》的文章,这篇文章支持这种假设。A. 邱利亚特、G. 胡洛特、R. 纽伊特:《20 世纪 90 年代期间作为北磁极不寻常大加速的可能原因核心的磁通排出》,《地球物理学研究》,2010 年,第 115 卷,B0710,doi: 10.1029/2009JB007143。

233. 托尼·菲利普斯:《地球的多变磁场》,美国航空航天局科学网,2003 年 12 月 29 日,http://science.nasa.gov/headlines/y2003/29dec_magneticfield.htm。这个被猜测的方法就是,越洋航行的航海日志记录着每个地磁观测的两个数据点。他们连续这样做超过了两个世纪。不仅水平面的下降被记录了,而且连和工具的垂直轴有关的倾斜(表示磁场强度)也被记录下来,这种磁场强度发生变化已经超过两个世纪了。

234. 记住,为了得到要形成的自组织的虹吸漩涡,你要轻轻地旋转顶部瓶子。而为了形成和保持地幔/地核结构,地球的旋转所做的完全是相同的事情。

235. 凯文·麦奎特阐述了他的洞见的情境:"这是一个关于在我的潜意识背后制造联系的某个东西的很好案例,我的有意识的心灵不会如此。1992 年,我阅读过詹姆斯·格莱克关于理查德·费曼的传记,当时这本书首次出版,但是从那以后我就忘了重要的理论物理学内容。那是有意识的。那时,克莱顿·克罗齐特告诉我,他在 2009 年夏天因为我的坚持已经完成了格莱克的书。我立即抽出我的那篇文章并且重读了一遍。假如我再早点儿重新阅读它的话,很多挫折可能就会避免。但那时我发现信息来的正是时候。要是我早点儿重新阅读它的话,我很可能错过了费曼晚期理论著作的重要性。一个人必须接受这一点,即许多的汗水和挫折伴随的是在荒野中开辟一条新路。"

236. 理查德·费曼、默里·盖尔曼:"费米相互作用理论",俗称"奇怪理论",《物理学评论》,1958 年 1 月 1 日,第 109 卷,第 1 期。另外参见 James Gleick, Genius: The Life and Science of Richard Feynman (New York: Pantheon Books, 1992), pp.335–341。

237. 参见凯文·麦奎特的技术方案:《关于长期以来的能源问题的革命性观点》,2009 年,http://www.scribd.com/doc/33017213/KDM-Proposal-NuMegen-Ver03-Acadmic-20100605-Final。

238. Gilles Deleuze, Difference and Repetition, trans. Paul Patton (New York: Pantheon Books, 1994), p.216.

239. 解读《差异与重复》的部分困难在于这一事实,即它引用许多技术的、数学的和科学的知识并且利用它来创造一个非凡的哲学综合。在美国,人文科学与自然科学之间的鸿沟非常极端,以至于大多数学者要么缺乏科学专业知识且以一种与数学和物理学有关的适当方式来阅读德勒兹——Manuel De Landa, Intensive Science and Virtual Philosophy (London: Continuum, 2002)——要么就是不能以哲学的方式与德勒兹提出的那些观念打交道。我们断言,即使《差异与重复》以法语出版于1968年,但是其重要性仍然没有完全被弄明白。要了解德勒兹对阿兰巴迪欧的有影响力批判的解释,参见 Clayton Crockett, Deleuze Beyond Badiou: Ontology, Multiplicity and Event (New York: Columbia University Press, 2013)。

240. 参见 Gilles Deleuze, Difference and Repetition, trans. Paul Patton (New York: Pantheon Books, 1994), p.229:"一旦深度被把握为一种广延的量,那么它就属于被造成的广延,并且不再将与其他两个(水平面的长度和宽度)相关的其自己的异质性包括在自身内"。另外参见 Gilles Deleuze and Félix Guattari, A Thousand Plateaus, trans. Brian Massumi (Minneapolis: University of Minnesota Press, 1987), p.40。

241. 通过把弗莱明右手定则应用于你的右手,这一点可以轻易地设想到。把你的食指向前伸直。把你的中指向左90°。把你的拇指直接向上。现在你已经用这种坐标轴建立起模型了。

242.《黑客帝国:革命》,瓦霍夫斯基兄弟撰写、制作和导演,2003年。

243. The Basic Works of Aristotle, ed. Richard McKeon (New York: Modern Library, 2001), p.732 (Aristotle, Metaphysics 2, 1003b, pp.16–17).

244. 同上。(Aristotle, Metaphysics 2, 1003a, p.33)

245. Martin Heidegger, Being and Time, trans. John Macquarrie and Edward Robinson (New York: Harper Row, 1962), p.375.

246. 参见 Jürgen Habermas, Post-Metaphysical Thinking: Philosophical Essays, trans. William Mark Hohengarten (Cambridge: MIT Press, 1992), p.7.

247. Martin Heidegger, Basic Writings, ed. David Farrell Krell (New York: Harper Collins, 1977), p.424.

248. 参见 Jean-Francois Lyotard, The Postmodern Condition: A Report on Knowledge, trans. Geoff Bennington and Brian Massumi (Minneapolis: University of Minnesota Press, 1984), p.14.

249. Alain Badiou, Being and Event, trans, Ray Brassier (London: Continuum, 2006), p.4 (emphasis in original).

250. 同上,第400–409页。

251. 同上,第316页。另外参见德勒兹对巴迪欧的批判, Clayton Crockett, Deleuze Beyond Badiou: Ontology, Multiplicity and Event (New York: Columbia University Press, 2012)。

252. Lee Smolin, Three Roads to Quantum Gravity (New York: Basic Books, 2001), p.63.

253. 同上。

254. 同上，第 9 页。

255. Albert Einstein, Relativity: The Special and the General Theory（New York: Three Rivers Press, 1961）, p.48.

256. 同上，第 84 页。

257. Lee Smolin, Three Roads to Quantum Gravity（New York: Basic Books, 2001）, p.112.

258. 同上，第 120 页。

259. 同上，第 126 页。

260. 同上，第 149 页。

261. Lee Smolin, The Trouble with Physics: The Rise of String Theory, The Fall of a Science and What Comes Next（Boston: Houghton Mifflin, 2005）, p.151. 另外参见 Einstein, Relativity, pp.153–154。

262. Smolin, The Trouble with Physics, p.150.

263. 同上，第 256 页。

264. 同上，第 257 页。

265. 同上，第 294 页。

266. G. W. F. Hegel, Phenomenology of Spirit, trans. A. V. Miller（Oxford: Oxford University Press, 1979）, p.33.

267. 论自我实现的复杂性，见 Stuart Kauffman, At Home in the Universe: The Search for the Laws of Self-Organization and Complexity（New York: Oxford University Press, 1995）。论复杂性适应系统，见 Murray Gell-Mann, The Quark and the Jaguar: Adventures in the Simple and the Complex（New York: Henry Holt, 1994）。

268. 参见 Antonio Damasio, Looking for Spinoza: Joy, Sorrow and the Feeling Brain（Orlando: Harcourt, 2003）, p.198.

269. 参见 Catherine Malabou, What Should We Do with Our Brain?, trans. Sebastian Rand（New York: Fordham University Press, 2008）, p.5.

270. 同上，第 8 页。

271. Gilles Deleuze, The Fold: Leibniz and the Baroque, trans. Tom Conley（Minneapolis: University of Minnesota Press, 1993）, p.13.

272. Gilles Deleuze and Félix Guattari, What is Philosophy?, trans. Hugh Tomlinson and Graham Burchell（New York: Columbia University Press, 1994）, p.201.

273. 同上，第 210 页。

274. Gilles Deleuze, Cinema 2: The Time-Image, trans. Hugh Tomlinson and Robert Galeta（Minneapolis: University of Minnesota Press, 1989）, p.17.

275. 同上，第 81 页。

276. 同上。

277. 同上，第 99 页。

278. Jacques Derrida, of Grammatology, trans. Gayatri Chkravorty Spivak (Baltimore: John Hopkins University Press, 1976), p.68.

279. Gilles Deleuze, Cinema 2, p.212.

280. 同上，第 125 页。

281. 同上，第 215 页。

282. Gilles Deleuze, The Fold: Leibniz and the Baroque, trans. Tom Conley (Minneapolis: University of Minnesota Press, 1993), p.76.

283. 同上，第 76 页。

284. 同上，第 77 页。

285. 同上。

286. 参见 Lisa Randall, Warped Passages: Unraveling the Mysteries of the Hidden Dimensions of the Universe (New York: Harper Collins, 2006).

287. 同上，第 51 页。

288. 同上，第 397 页。

289. 同上，第 320 页。

290. 同上，第 313 页。

291. 同上，第 316 页。

292. Lee Smolin, Three Roads to Quantum Gravity (New York: Basic Books, 2001), p. 172.

293. 同上。

294. 同上，第 177 页。

295. 参见 Joseph LeDoux, Synaptic Self: How Our Brain Become Who We Are (New York: Penguin, 2002), p.196; Pascal Boyer, Religion Explained: The Evolutionary Origins of Religious Thought (New York: Basic Books, 2001), Chapter3.

296. 参见 Steven Mithen, The Prehistory of the Mind (London: Thames & Hudson, 1996).

297. 引自 Joseph LeDoux, Synaptic Self, p.79.

298. Catherine Malabou, What Should We Do with Our Brain?, trans. Sebastian Rand (New York: Fordham University Press, 2008), p.5.

299. 同上。

300. 参见 David Hume, An Inquiry Concerning Human Understanding (New York: Prometheus Books, 1988), SectionⅧ.

301. Stephen Jay Gould, Ever Since Darwin: Reflections in Natural History (New York: W.W. Norton, 1977), p.63.

302. 同上,第 68 页。

303. Joseph LeDoux, Synaptic Self, pp.308–309.

304. 同上,第 310 页。

305. 同上,第 320 页。

306. 同上,第 324 页。

307. Antonio Damasio, Looking for Spinoza: Joy, Sorrow and the Feeling Brain (Orlando: Harcourt, 2003), p.53.

308. 同上,第 85 页(强调处系原文所加)。

309. 同上,第 211 页(强调处系原文所加)。

310. 同上,第 211 页(强调处系原文所加)。

311. Aristotle, Posterior Analytics, trans. G. R. G. Mure in Introduction to Aristotle, ed. Richard McKeon (New York: Modern Library, 1992), p.29.

312. 同上,第 24 页。

313. Immanuel Kant, Critique of Pure Reason, trans. Norman Kemp Smith (New York: St. Martin's Press, 1965), p.41.

314. Gilles Deleuze, The Logic of Sense, trans. Mark Lester with Charles Strivale (New York: Columbia University Press, 1990).

315. 同上,第 11 页。

316. Alain Badiou, Logics of Worlds: Being and Event Ⅱ, trans. Alberto Toscano (London: Continuum, 2009), pp.2, 4 (emphasis in original).

317. 同上,第 141 页。

318. 同上,第 173 页。

319. 同上,第 103 页。

320. 同上,第 218 页。

321. 参见 A Companion to Ancient Philosophy, ed. Mary Louise Gill and Pierre Pellegrin (Oxford: Blackwell, 2006), Part Ⅰ, Early Greek Philosophy, pp.3–97, especially Chapters1and 3.

322. 引自 Edward Hussey, "The Beginnings of Science and Philosophy," in ibid., p.15 (DK22B59 and DK22B12).

323. Patricia Curd, "Parmenides and After: Unity and Plurality," in ibid., pp.34–55, quote p.35.

324. 参见 Gilles Deleuze and Félix Guattari, What is Philosophy?, trans. Hugh Tomlinson and Graham Burchell (New York: Columbia University Press, 1994), p.201.

325. 参见 Creston Davis, "Introduction," in Slavoj Žižek and John Milbank, The Monstrosity of Christ: Paradox or Dialetic?, ed. Creston Davis (Cambridge: MIT Press, 2009).

326. 差异不是对立,它们并不是基于在先的同一性。按照德勒兹的观点,差异的重复就是事件,虽然他在《差异与重复》中并没有使用事件这个术语。事件就是重复或反复;每个重复或反复就是事件。

327. 参见 Martin Heidegger, Contributions to Philosophy (From Enowning), trans. Parvis Emad and Kenneth Maly (Bloomington: Indiana University Press, 1999).

328. 同上,第 330–331 页。

329. Jacques Derrida, "Structure, Sign and Play in the Discourse of the Human Sciences," in Writing and Difference, trans. Alain Bass (Chicago: University of Chicago Press, 1978), p.278.

330. Gilles Deleuze, The Logic of Sense, trans. Mark Lester with Charles Strivale (New York: Columbia University Press, 1990), p.10.

331. 同上,第 149 页。

332. 同上,第 248 页。

333. Gilles Deleuze, Difference and Repetition, trans. Paul Patton (New York: Columbia University Press, 1994), p.228.

334. Eric D. Schneider and Dorion Sagan, Into the Cool: Energy Flow, Thermodynamics and Life (Chicago: University of Chicago Press, 2005), p.77.

335. 同上,第 85 页。

336. Deleuze, Difference and Repetition, p.229.

337. Alain Badiou, Logics of Worlds: Being and Event Ⅱ, trans. Alberto Toscano (London: Continuum, 2009), p384.

338. Alan Badiou, Being and Event, trans. Ray Brassier (London: Continuum, 2006), p.175.

339. Alain Badiou, Logics of Worlds, pp.263–264.

340. Louis Althusser, Philosophy of the Encounter: Later Writings, 1978–1987, trans. G. M. Goshgarian (London: Verso, 2006), p.169 (italics in original).

341. 同上,第 191 页,斜体部分系原文所加。

342. Deleuze, Difference and Repetition, p.116 (italics in original).

343. Mike Davis, Planet of Slums (London: Verso, 2006).

344. Immanuel Wallerstein, The Decline of American Power: the US in a Chaotic World (New York: The New Press, 2003), p.58.

345. 参见 Gilles Deleuze and Felix Guattari, A Thousand Plateaus, trans. Brian Massumi (Minneapolis: University of Minnesota Press, 1987), p.370.

346. 同上，第 510 页。

347. 同上，第 514 页。

348. 汤尼·菲利普斯：《太阳风撕碎了土星的大气层》，美国国家航空航天局科学网，2008 年 11 月 21 日，http://science.nasa.gov/headlines/y2001/ast31jan%5F1.htm。